墨香财经学术文库
国家社会科学基金项目（23BGL114）
辽宁省教育厅基本科研项目（JYTMS20230635）
东北财经大学优秀学术专著出版重点资助项目（zzzz20220101）



# 上市公司反收购条款的经济后果研究

## 理论探索与实践应用

# Economic Consequences of Anti-takeover Provisions in Listed Companies

## Evidence from Theoretical and Practical Exploration

陈克兢　著

东北财经大学出版社　大连
Dongbei University of Finance & Economics Press

图书在版编目（CIP）数据

上市公司反收购条款的经济后果研究：理论探索与实践应用 / 陈克兢著.
—大连：东北财经大学出版社，2024.3
(墨香财经学术文库)
ISBN 978-7-5654-4733-4

Ⅰ.上…　Ⅱ.陈…　Ⅲ.上市公司-企业兼并-公司法-研究-中国
Ⅳ.D922.291.914

中国版本图书馆CIP数据核字（2022）第251702号

东北财经大学出版社出版发行
大连市黑石礁尖山街217号　邮政编码　116025
网　　址：http://www.dufep.cn
读者信箱：dufep @ dufe.edu.cn
大连永盛印业有限公司印刷

幅面尺寸：170mm×240mm　字数：187千字　印张：12.75　插页：1
2024年3月第1版　2024年3月第1次印刷
责任编辑：李　彬　赵　楠　责任校对：贺　力
封面设计：原　皓　版式设计：原　皓
定价：56.00元

教学支持　售后服务　联系电话：（0411）84710309

如有印装质量问题，请联系营销部：（0411）84710711

# 前言

公司契约理论认为，公司章程是为实现价值最大化的治理创新和个性化定制的载体。作为公司章程中自治性最强的条款之一，反收购条款被广泛应用于我国上市公司章程。由于我国反收购条款的法律边界模糊，反收购条款在治理实践中可能存在“双刃剑”效应。一方面，反收购条款可以有效地防范“野蛮人”强势举牌争夺控制权，有助于控股股东维护自身的控制权，缓解与高管之间的代理冲突问题；另一方面，反收购条款限制了股东权利，存在过度保护控股股东和管理层的嫌疑，进而约束了公司控制权市场的治理作用。反收购条款在公司治理实践中的普遍性和重要性与理论研究中的分歧形成了鲜明对比，使得研究企业反收购条款的经济后果成为了一个亟待探讨的重要课题。

本书由10章构成，具体安排如下：第1章主要介绍了研究背景和意义，论述了研究内容与方法以及技术路线，最后阐述了学术创新与价值。第2章回顾了相关概念和经典理论，介绍了中国上市公司反收购条款设置的制度背景，为后续研究奠定基础。第3章对中国上市公司章程中的反收购条款进行了识别，构建了中国上市公司反收购条款数据库，分析了上市公司反收购条款的设置现状和影响因素。第4章揭示了反收购条款影响企业投资效率的作用机制，对反收购条款特征和公司股权特征进行了异质性分析。第5章检验了反收购条款与企业创新关系中可能存在的激励效应假说和堑壕效应假说，考察了反收购条款影响企业创新活动的经济后果。第6章考察了反收购条款对高管自利行为的影响机理。第7章检验了反收购条款与管理层短视行为之间的关系。第8章探讨了反收购条款对公司违规行为的影响机制。第9章考察了反收购条款对企业超额现金持有的影响机制。第10章总结了主要研究结论和未来研究方向。

本书主要研究结论如下：第一，基于文本分析技术构建中国上市公司反收购条款数据库。在确定反收购条款的种类和判别标准的基础上，通过文本分析技术从5万多份上市公司章程中提炼出反收购条款数据，构建中国上市公司反收购条款数据库，效果识别检验的结果显示反收购条款的识别较为精准。第二，在代理动机情境下反收购条款产生了显著的私利攫取效应。具体而言，反收购条款会诱发高管超额在职消费，加剧高管短视行为，最终增加企业违规概率。第三，反收购条款对公司决策产生私利攫取效应。具体而言，反收购条款会降低企业投资效率，抑制企业创新投入和产出，增加企业的超额现金持有。作用机制检验显示，反收购条款主要通过加剧控股股东堑壕效应和管理层堑壕效应来影响公司决策。

本书的学术创新与价值可以概括为以下几个方面：

第一，利用文本分析技术构建中国上市公司反收购条款数据库，为推动反收购条款领域发展提供了独特的数据资源。由于反收购条款散见于公司章程的不同章节，这就造成反收购条款数据的识别和搜集较为困难，进而严重制约了我国反收购条款研究领域的发展。本书归纳出符合中国法律法规的14种反收购条款类型，采用文本分析技术从5万多份上市公司章程中提炼出反收购条款数据，构建具有中国特色的上市公司反收购条款数据库，这对推动我国反收购条款研究领域的发展意义重大。

第二，从公司治理和公司决策的角度检验反收购条款可能存在的价值创造效应和私利攫取效应，在一定程度上回答了反收购条款影响公司价值的实现路径问题。现有基于地区层面和公司层面反收购条款的研究忽视了不同反收购条款的效应差异，进而导致研究结论相互冲突。基于我国特殊的双重委托代理问题，本书尝试在一个国家的框架内考察公司层面反收购条款的整体效应，从公司治理和公司决策的视角验证了反收购条款存在的私利攫取效应，拓展了反收购条款领域的理论框架和研究边际，对于化解学术界的争议有着积极的意义。同时，在一定程度上回答了反收购条款影响企业价值的实现路径问题，从公司章程角度为企业提升内在价值提供了重要的理论启示。

第三，为完善中国上市公司治理和推动资本市场高质量发展提供有益的理论启示。现有文献大多尚未考察反收购条款的治理机制，这就导致监管层难以找到一套约束不当反收购条款的有效机制。本书为完善与反收购条款相关的法律法规提供了来自上市公司视角的经验证据，促使理论界、立法机构和监管部门重新思考公司层面法律法规制定中可能存在的问题。同时，本书有助于加深投资者对公司控制权市场博弈的认识，为推动资本市场改革和高质量发展提供有益启示。

本书获得了国家社会科学基金项目（23BGL114）、辽宁省教育厅基本科研项目（JYTMS20230635）、东北财经大学优秀学术专著出版重点资助项目（zzzz20220101）的资助，在此表示感谢！

作　者

2024年1月

# 目录

## 第一篇　基础篇

## 第二篇 表征识别篇



## 第三篇 公司治理篇

## 第四篇　公司决策篇

# 第一篇　基础篇

# 第1章　导论

## 1.1　研究背景

公司契约理论认为公司章程是为实现价值最大化的治理创新和个性化定制的载体（Klausner，2013）。公司通过章程条款来界定各行为主体的权利和义务边界，进而平衡管理层与股东或股东之间的潜在冲突（Gompers等，2003；Klapper和Love，2004）。Gompers等（2003）考察公司章程条款的投资者保护效应，开创了公司章程研究领域的先河。Klapper和Love（2004）的后续研究证实，公司章程条款可以提高国家层面的法律条款对投资者的保护。作为大陆法系国家，我国倾向于适度强制性的公司治理机制安排，国家层面的法律法规并未给予公司章程较大的自治空间。公司章程形式化和趋同化较为严重，在一定程度上制约了公司章程在治理实践中的作用（郑志刚等，2011）。直至2005年修订的《中华人民共和国公司法》（以下简称《公司法》）和2006年修订的《上市公司章程指引》颁布实施，我国法律法规才给予了上市公司章程自治的权利，这为学术界探讨中国公司章程自治有效性提供了一个难得的契机。此时，在中国制度背景下探讨公司章程自治性条款对于公司治理的影响有着重要意义。

作为一个自治性较强的公司章程条款，反收购条款（Anti-takeover Provisions）兴起于20世纪美国的第三次并购浪潮。“野蛮人”对股权分散且内部管理不善、价值被低估的上市公司发起收购攻势，攫取控制权并撤换原公司管理层（Fama，1980；Jensen，1993）。美国企业通过反收购条款来预防或抵御敌意收购，反收购逐渐成为公司治理领域中的一个重要议题（Weston等，2003）。在资本市场发展早期，中国独特的“一股独大”制度背景和金字塔式股权结构使得公司控制权市场收购事件很少发生（顾慧莹等，2017）。直到2007年我国才迈入股权全流通时代，随之公司控制权市场逐渐进入了高速发展阶段（陆瑶，2010；郑志刚等，2019）。CNRDS提供的数据显示，2007年至2020年我国共有435家上市公司被收购，其中有231家完成了收购。随之而来的是公司控制权之争频繁出现，上市公司与“野蛮人”之间的博弈已经进入白热化状态，如何抵御敌意收购成为实务界迫切需要解决的现实问题（李善民等，2016；李维安等，2017）。反收购条款可以有效抵御敌意收购（Stulz，1988；Bebchuk等，2002；Bates等，2008；陈玉罡和石芳，2014），发挥维护企业正常经营和保护股东利益的作用（Straska和Waller，2010；李善民等，2016；Cain等，2017；Vicente等，2020）。相对于其他反收购措施而言，反收购条款可以弥补国家层面法律条款的原则性、滞后性和模糊性等不足，便于企业在面临控制权市场变化时作出反应。

为了抵御敌意收购，反收购条款被广泛应用于我国上市公司章程。本书经过统计后发现，2021年设置反收购条款的上市公司数量高达1 648家。其中，设置反收购条款的上市公司中以非国有企业和股权分散的企业居多，均超过半数。从理论上来讲，国有上市公司或者股权集中的上市公司遭遇收购的可能性较低。但是从现实情况来看，依然有26.7%的国有企业和41.9%的股权集中的上市公司设置了反收购条款。从反收购条款设置的直接受益主体来看，有82.9%的反收购条款直接受益主体为高管。这种现象背后隐藏着怎样的动机呢？是为了抵御“野蛮人入侵”，还是假借反收购之名行内部人控制之实？由此又会带来怎样的经济后果？如何来进行监管？这些问题值得理论界和实务界深思。

不同于强制性条款，学术界关于自治性条款的作用一直存在分歧。作为自治性条款，反收购条款的制定和修订由公司股东、高管自行决定，这就可能产生一些非对等的约束问题。一方面，反收购条款可以保护现有大股东的控制权，防止“野蛮人入侵”，从而确保现有大股东委派的高管能更好地履行职责（Straska和Waller，2010；Straska和Waller，2014；Cain等，2017）；另一方面，恰恰是由于反收购条款限制了外部股东行使权利，反而可能给高管的私利行为提供掩护（Bertrand和Mullainathan，2003；Bebchuk和Cohen，2005；Brusa等，2009；陈克兢等，2021）。由此可见，反收购条款既可能被用来强化管理防御，又可能被用来创造企业价值，是一个具有争议的话题。一方面，有关“管理层防御”的文献认为反收购条款过度保护管理层的利益，进而加剧了第一类委托代理问题，导致管理层逃避责任、享受超额薪酬和安逸生活、不愿意承担风险等行为的发生（Borokhovich等，1997；Bertrand和Mullainathan，2003；Low，2009；王凯等，2019；陈克兢等，2021），最终造成公司业绩和价值的下滑（Gompers等，2003；Bebchuk和Cohen，2005；陈玉罡和石芳，2014；Frattaroli，2020）；另一方面，有关“长期价值创造”的文献则认为反收购条款可以减少管理层短视行为（Stein，1988），提升公司业绩和价值（Danielson和Karpoff，2006；Straska和Waller，2010）。之所以出现这样的分歧，主要是因为大部分的文献在探讨经济后果时没有考虑反收购条款设置的不同动机，进而造成研究结论各不相同。

由于我国反收购条款的法律边界模糊，反收购条款在治理实践中可能存在“双刃剑”效应。一方面，反收购条款的确可以有效防范“野蛮人”强势举牌争夺控制权，例如在大港油田收购爱使股份、方正科技收购上海高清、北大青鸟收购搜狐等事件中反收购条款均发挥了重要的作用；另一方面，部分上市公司的反收购条款限制了股东权利，存在过度保护现任管理层和控股股东利益的嫌疑（陈霖，2017；欧阳琪，2019）。反收购条款在公司治理实践中的普遍性与理论研究中的分歧形成了鲜明的对比，这使得研究上市公司反收购条款的经济后果成为一个亟待探讨的重要课题。鉴于此，本书首先对中国上市公司章程中存在的反收购条款进行了识别，构建了上市公司反收购条款数据库，从公司治理和经营决策等视角系统性地检验反收购条款的经济后果。

## 1.2 研究内容与框架

本书主要由10章构成，具体安排如下：

第1章，导论。本章介绍了本书的研究背景和意义，描述了研究内容，最后阐述了学术创新与价值。

第2章，理论基础与制度背景。本章回顾了相关概念和经典理论，介绍了中国上市公司反收购条款设置的制度背景，为后续研究奠定基础。

第3章，中国上市公司反收购条款的表征识别研究。本章对中国上市公司章程中的反收购条款进行了识别，构建了中国上市公司反收购条款数据库，并采用人工随机抽样校对和实证分析方法进行了识别效果检验，分析了上市公司反收购条款的设置现状，最后考察了反收购条款设置的影响因素。

第4章，反收购条款与企业高管超额在职消费。本章从反收购条款的视角考察公司章程自治性条款对高管自利行为的影响机理，基于反收购条款类型、条款制定主体和治理环境进行了异质性分析。

第5章，反收购条款与企业高管短视。本章检验了反收购条款与管理层短视行为之间的关系，基于代理冲突和薪酬契约进行了异质性分析。

第6章，反收购条款与企业违规。本章从委托代理理论和控制权市场理论出发，探讨了反收购条款对公司违规行为产生的影响机制，并从股权集中度、产权性质和法治环境方面进行了异质性分析。

第7章，反收购条款与企业投资效率。本章探讨了反收购条款影响企业投资可能存在的价值创造假说和私利攫取假说，揭示了反收购条款影响企业投资效率的作用机制，并从反收购条款特征和公司股权特征进行了异质性分析。

第8章，反收购条款与企业创新。本章揭示了反收购条款与企业创新的关系中可能存在的激励效应假说和堑壕效应假说，考察了反收购条款影响企业创新活动的经济后果，并基于反收购条款特征和企业特征进行了异质性分析。

第9章，反收购条款与企业超额现金持有。本章考察了反收购条款对企业超额现金持有的影响机制，并基于两权分离度和管理层持股进行了异质性分析。

第10章，结论与展望。本章总结了本书的研究结论，并据此提出政策建议，深入探讨了未来本书的研究领域可能存在的研究局限以及突破点。

本书研究框架如图1-1所示。

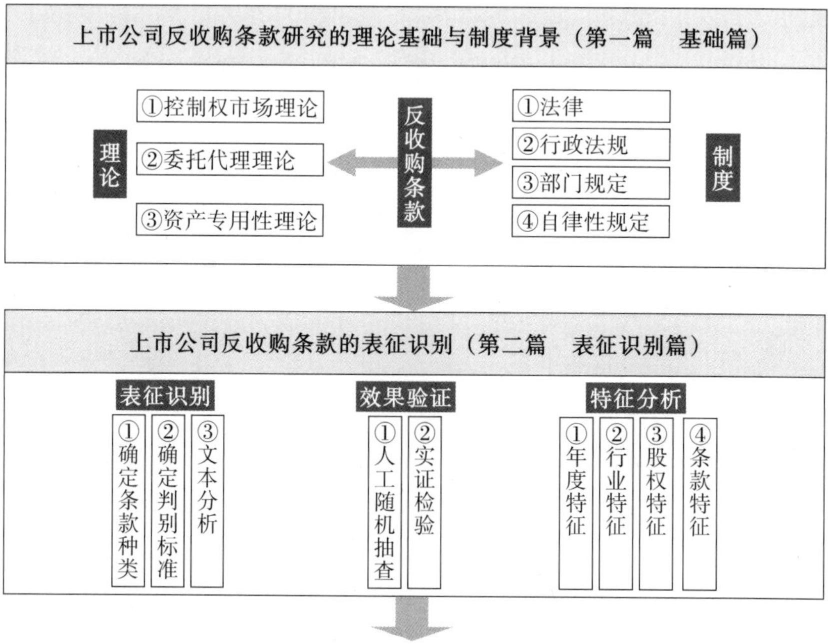

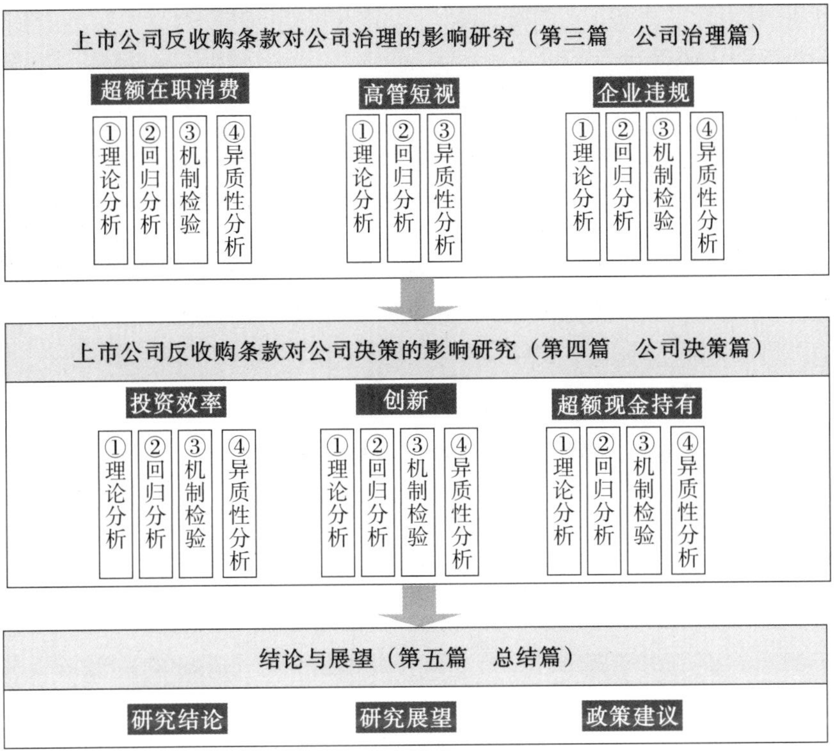


图 1-1　研究框架图

## 1.3　创新点

基于中国特殊的制度背景，本书识别了上市公司章程中存在的反收购条款，从公司治理和经营决策等视角探讨反收购条款的经济后果，主要学术创新和学术价值可以概括如下：

第一，基于文本分析技术构建中国上市公司反收购数据库。由于反收购条款散见于公司章程的不同章节，这就造成反收购条款数据的识别和搜集较为困难（郑志刚等，2011）。反收购条款数据资源的匮乏导致国内文献只能探讨少数几种易于识别的反收购条款（陈玉罡和石芳，2014；李善民等，2016；许金花等，2018），进而严重制约了我国反收购条款研究领域的发展。本书归纳出符合中国法律法规的反收购条款类型和判别标准，采用文本分析技术从上市公司章程中提炼出反收购条款数据，并与人工随机抽样读取获得的数据进行比对，寻找文本分析过程中可能存在的问题，改进Python代码后重新获取数据，最终构建中国特色的上市公司反收购条款数据库，这对推动反收购条款研究领域的发展将有重大的意义。

第二，从公司治理和公司决策的角度检验反收购条款可能存在的价值创造效应和私利攫取效应，在一定程度上回答了反收购条款影响公司价值的实现路径问题。现有基于地区层面和公司层面反收购条款的研究忽视了不同反收购条款效应差异，进而导致研究结论相互冲突（Santos，2013；Daines等，2018；Karpoff和Wittry，2018）。基于我国特殊的双重委托代理问题，本书尝试在一个国家的框架内考察公司层面反收购条款的整体效应，从公司治理和公司决策的视角验证反收购条款存在的私利攫取效应，拓展了反收购条款领域的理论框架和研究边际，对于化解学术界的争议有着积极的意义。同时，在一定程度上还回答了反收购条款影响企业价值的实现路径问题，从公司章程角度为企业提升内在价值带来了重要的理论启示。

第三，为完善中国上市公司治理和推动资本市场高质量发展提供有益的理论启示。随着公司控制权市场的不断发展，收购与反收购之间的博弈将更加激烈。由于我国反收购条款的法律边界模糊，反收购条款在治理实践中可能沦为公司内部人谋求私利的保护伞。现有文献尚未能考察反收购条款的治理机制，这就导致监管层难以找到一套约束不当反收购条款的有效机制。本书为完善反收购相关法律法规提供了现实证据，促使理论界、立法机构和监管部门重新思考公司层面法律法规制定中可能存在的问题，为完善反收购条款相关制度的后续立法和监管实践带来启示。同时，本书也有助于加深投资者对公司控制权市场作用的认识，为推动资本市场高质量发展提供有益的启示。

# 第2章　理论基础与制度背景

## 2.1　概念界定

（1）反收购条款

反收购条款是目前上市公司抵御敌意收购的一种有效方式[①]，在一定程度上可以发挥维护公司正常经营和保护股东利益的作用。反收购条款是指通过扩大企业被收购的难度和成本来降低企业被收购可能性的公司章程条款。其中，敌意收购指未经上市公司实际控制人或管理层的同意而夺得公司控制权的收购行为。上市公司反收购条款主要是为了防御敌意收购，维护公司原本的战略模式和各方利益格局。国外关于反收购条款的文献十分丰富，如Gompers等（2003）总结了24种反收购条款。但是由于国情制度不同，这24种反收购条款在我国资本市场中并不完

---

① 需要说明的是，公司章程中的“反收购条款”和“防御性条款”有着本质上的区别。英国《2006年公司法》第22条指出，防御性条款是指公司章程可以包括达到如下效力的条款：只有比特殊决议所适用的更加严格的条件被满足或程序被遵守，公司章程的指定条款才可被修改或撤销。由此可知，防御性条款通过提升公司章程修改难度来约束控股股东修改公司章程。与此相反的是，反收购条款是强化控股股东或管理层的权利。

全适用，许多条款已被明确禁止。

（2）企业违规

根据证监会、深交所和上交所的相关条例，公司违规是指公司违反国家或相关监管部门的法律法规的行为。借鉴Fich和Shivdasani（2007）的研究以及根据CSMAR数据库对违规行为的分类，将违规主体进一步分为管理层违规和控股股东违规，管理层违规主要包括人员管理违规、登记违规、管理制度建设违规、客户管理违规、采购、招投标违规、违反管理规定、税务管理违规、审计违规、统计违规、环境违规、安全生产违规、未依法履行职责、资产收购信息披露不实、提供/编制虚假材料、操纵股票价格、非法利用他人账户买卖证券等；控股股东违规主要包括挪用证券/资金、股票交易违法行为、期货交易违规、期货其他违规行为、内幕交易、违法持股、违规减持/增持、违规做市交易、泄露内幕信息、擅自改变募集资金用途、违规对外借贷、非法融资、非法从事证券咨询业务、控股股东违规占用公司资金、操纵期货交易价格等。

（3）管理层短视

管理层短视，是指管理层的决策视域较短，相对于公司的未来发展，管理层更关注即刻就能满足或获得的利益。上市公司年报中披露的管理者讨论与分析（简称MD&A）是管理者对报告期内企业经营状况的回顾和对未来经营发展的展望，因而MD&A可以用于挖掘管理者的真实认知（Loughran和McDonald，2011；蒋艳辉和冯楚建，2014；Cho和Muslu，2021；罗勇根等，2021），其结果更为可靠。因此，本书用基于MD&A的文本分析来计量管理层的短视主义。借鉴胡楠等（2021）的计量方法，利用文本分析技术补充管理层短视行为，并对上市公司年报中“管理者讨论与分析”部分进行短视词频分析统计，以短视相应词频占比来具体衡量管理层的短视程度。

（4）超额现金持有

参考辛宇和徐莉萍（2006）的研究，本书认为，超额现金持有是指公司实际现金持有与正常现金持有水平的偏差。因此，现金持有量的确定成为企业面临的一个重要问题。只有股东和管理者才能对公司的现金持有产生根本性的影响。

## 2.2 经典理论

### 2.2.1 控制权市场理论

控制权市场理论阐述了资本市场对公司的治理效应及其作用机理。在主流理论中有一种“惩戒论”，该理论是由Manne（1965）提出的，其最重要的思想是：公司控制权市场通过惩戒不称职、不合格的管理者来解决公司内部治理机制的失灵问题。Brickley等（1988）认为公司控制权市场是短视的，因为控制权市场对进行长期投资的公司评价较低，从而导致公司股价下跌，沦为被收购的对象，所以大多数公司会追求短期收益的最大化。综上所述，公司控制权市场在股权结构不同时会产生不同的效果。当股权分散时，公司控制权市场可以发挥治理作用，有助于缓解第一类委托代理问题；而当股权集中时，原股东非常关注管理层，对其预期较高时，控制权市场这个外部治理机制也会丧失其应有之效。此外，控制权市场也会对公司产生不利影响，接管压力很可能阻碍企业获取长期利益和维持长期发展等。

### 2.2.2 委托代理理论

委托代理理论认为资本市场的并购压力可以作为提供管理层激励措施的补充，股东与管理层冲突较为严重的企业中的管理者更重视个人利益的实现，因而会想方设法保护自身职位、提高薪酬和声誉地位等，不惜牺牲股东利益。反收购条款更像管理层的保护伞，为其抵御来自控制权市场的压力和威胁，增加控制权，此时管理层倾向于“安逸生活”，产生“管理层壕沟效应”，长此以往必会损害企业价值，减少股东财富。在大股东与中小股东冲突较为严重的企业，反收购条款的设置会增加中小股东维权的难度。企业在设置反收购条款时会考虑对应的成本和收益，如果收益大于成本，控股股东才可能在公司章程中设置反收购条款。

### 2.2.3 信息不对称理论

信息不对称理论是指在当前的市场条件下，由于不同的背景、不同的角色、不同的身份，所能获得的信息也不同。在交易过程中，双方都会尽可能地获得更多的信息，从而减少信息不对称带来的损失。反收购条款的设置，不仅降低了被恶意收购的可能性，也保护了管理层的地位。在这样的条件下，为了满足短期业绩的需求，管理者更倾向于在公司持有更多的现金，以谋求私利。这就导致了管理层与股东间信息的不对称。基于非对称性理论，发行者可以通过不对称信息的背景来掩盖其公司的财务状况，获得足够的资金支持，在证券市场中的价值得以体现，从而使投资者在上市公司所提供的财务信息中处于被动地位。如果不能获得足够的资料，投资者就不能准确地估计其潜在的风险。

## 2.3 文献回顾

### 2.3.1 反收购条款与被收购结果

许多学者认为公司设置反收购条款后，是可以影响其被收购可能性及相关溢价和绩效的。反收购条款增强了管理层的议价能力，提高了股东获得收购溢价的可能性（Heron等，2006）。Frattaroli（2020）主要研究反收购法，认为该法降低了受影响公司成为并购目标的可能性。Cuat等（2020）认为公司设置反收购条款可以增加收购溢价。Obaydin等（2021）证明了公司设置的相对反收购条款数量与收购可能性之间存在非单调关系，反收购条款数量相对较少或较多的公司被收购的可能性较小。

而与上述观点相反，部分学者认为公司设置反收购条款不会影响被收购结果。Born（1993）指出金色降落伞这项反收购条款不影响收购成功的概率。Goktan等（2012）认为收购能否成功与是否采取反收购措施没有必然联系。与前面学者不一样，Heron等（2015）认为毒丸计划和错列董事会并不会降低公司被收购的概率。

### 2.3.2 反收购条款与公司价值

在针对反收购与股东财富的已有大量研究中，学者们提出了两种截然不同的观点。第一种观点认为反收购会减少股东财富。Deangelo等（1983）、许金花等（2018）认为反收购条款维护了管理层和控股股东的现有地位，最终会损害股东财富。Frattaroli（2020）认为反收购法对股东价值产生了负面影响。第二种观点认为反收购条款会增加股东财富。Sokolyk（2011）和Straska等（2014）都发现反收购条款可以增加股东财富，其作用路径是提高目标公司的谈判筹码。罗进辉等（2018）运用事件研究法进行研究，发现增设反收购条款显著增加股东财富。对于上市公司在章程中增设反收购条款的好消息，投资者表现出显著正向的市场反应。相对而言，在民营企业、大股东持股比例较高和机构持股比例较低的公司中，公司章程增设反收购条款带来的正向市场反应较弱。

### 2.3.3 反收购条款与管理层行为

针对反收购条款与管理层行为的研究主要分为两种观点。第一种观点认为公司章程设置反收购条款将会加大公司被恶意收购的可能性，使得公司不作为的高管难以被撤职，从而加重了管理层与股东之间的委托代理问题，管理层发生更多的自利行为。Meulbroek等（1990）认为反收购条款加剧了管理层短视行为，导致公司明显减少了创新活动。第二种观点认为公司章程设置反收购条款能够让管理层不再担心被恶意撤职的可能性，从而更加致力于公司未来价值创造。Stein（1988）通过研究指出，当公司面临被收购的压力时，公司管理层可能会发生短视行为，为了提高当前利润而放弃长远利益。张伟华等（2019）认为在公司章程中设置反收购条款可以提高公司的研发投入。Drobetz等（2020）发现反收购条款可以引导管理人员更多地参与创造价值的创新投资和长期投资，并提高公司对投资机会的敏感度。

### 2.3.4 反收购条款与控股股东行为

现有文献关于反收购条款与公司控股股东行为的研究，主要分为以下两种相反的观点：一种观点认为公司章程设置反收购条款将会加大公司被恶意收购的可能性，从而降低了控股股东控制权被转移的风险系数，让公司实际控制人的地位更加牢靠，控股股东侵占中小股东利益的机会增加，公司价值受损。Bebchuk等（2009）、Atanassov（2013）研究发现，反收购条款主要用于公司内部人对并购的防御，会增加控股股东谋求私利的概率。

另一种观点认为公司章程设置反收购条款能够抑制大股东对中小股东的掏空行为，缓解两者之间的代理冲突。一些学者认为公司设置反收购条款在一定程度上保护了中小投资者的利益，如李善民等（2016）通过研究反收购条款对投资者的影响，认为公司设置的绝大多数条款能够保护中小投资者的利益，减少控股股东对中小股东的掏空行为。但是一些其他反收购条款，如董事提名权条款，并不能对中小投资者起到保护作用。由此可见，反收购条款对控股股东有不一样的影响。

## 2.4 制度背景

### 2.4.1 公司章程自治

公司章程是公司的基本法，对于公司治理和投资者保护有着至关重要的作用。公司通过章程条款的设计来平衡投资者和管理层之间的关系，阻止管理层、控股股东的盘剥行为。我国是大陆法系国家，公司章程的自治空间相对不足，这就导致公司章程存在一定的形式化和趋同化问题。甚至大部分企业仅将制定公司章程作为上市前必须履行的一个程序，这使得公司章程未能发挥其应有的治理作用。随着我国相关司法改革的不断深入，2005年修订的《公司法》和2006年修订的《上市公司章程指引》给上市公司设置自治性公司章程条款提供了可能[①]。上市公司可以根据自身的需求和特定的治理情境，自主在公司章程中设置相关的条款，这为本书探讨反收购条款发挥的作用提供了难得的契机。

### 2.4.2 反收购条款

作为公司章程的重要内容，反收购条款通过增加收购成本和难度来预防或阻碍敌意收购。20世纪60年代，美国第三次并购浪潮中敌意收购逐步兴起。“门口的野蛮人”伺机对股权分散且内部管理不善、价值被低估的上市公司发起收购攻势，攫取控制权并撤换原公司管理层。1968年，美国《威廉姆斯法案》的实施正式拉开了反收购的序幕，随即美国各州掀起了反收购立法的热潮。为了预防或抵御敌意收购，美国企业利用反收购条款来提高收购价格，反收购逐渐成为美国公司法和公司治理中重要的议题。反收购条款是上市公司抵御敌意收购的一种有效方式，在一定程度上可以发挥维护公司正常经营和保护股东利益的作用。相对于其他反收购措施而言，反收购条款具有设定灵活性、修订便捷性、低成本性等优势，可以弥补国家层面法律条款的原则性、滞后性和模糊性等不足，便于企业在面临控制权市场变化时作出反应。

在中国资本市场中收购与反收购的角逐也从未停歇，从1993年的“深宝安”收购“延中实业”到2015年的“宝能”收购“万科”，上市公司与“野蛮人”之间的博弈已经进入白热化状态。与美国较为系统的反收购立法不同的是，我国企业反收购并没有专门的法律法规对其进行规范。由于我国反收购条款的法律边界模糊，这就使得反收购条款的合法性和合规性存在较多疑义。《公司法》和《中华人民共和国证券法》（以下简称《证券法》）的规定过于原则化，在实践中操作性不强，对于企业反收购活动的指导意义较小。《上市公司收购管理办法》围绕反收购活动进行了详细阐述，相关的规定更为详细且具有较强的操作性。《上市公司收购管理办法》（2002）第33条第1款明确规定：“被收购公

① 2005年修订后的《公司法》中关于公司章程自治空间的规定有16条，2006年修订的《上市公司章程指引》的相关注释有14条。

司的董事、监事、高级管理人员针对收购行为所作出的决策及采取的措施，不得损害公司及其股东的合法权益。”同条第2款对被收购企业董事会面临敌意收购时不得提议的事项进行了列举，其中就包括发行股票、发行可转换公司债券、回购上市公司股份、修改公司章程等反收购措施[①]。由此可见，《上市公司收购管理办法》（2002）对被收购企业增设反收购条款设置了障碍。《上市公司收购管理办法》（2006）第33条不再禁止被收购公司董事会进行反收购[②]，《上市公司收购管理办法》后续的修改也未提及相关事宜[③]。从现行的规章制度来看，我国的监管立场是“保护被收购公司及其股东合法权益”，支持企业在公司章程中设置反收购条款。从反收购条款相关制度的变迁历程中可以发现，我国监管部门的态度由“严格限制”转变为“有限认可”，但始终坚持“保护被收购公司及其股东合法权益”的立场。

公司控制权市场中的纷争与监管部门对反收购条款的立场构成了本书的制度背景，这为考察反收购条款对企业活动的影响提供了难得的契机。非常可惜的是，目前国内学术界对于反收购条款的重视程度尚不够，相关的理论成果也不丰富。反收购条款在抵御“野蛮人入侵”方面有着重要的作用，但也可能沦为控股股东或管理层攫取私利的工具，这就有悖于公司章程条款设计的初衷。因此，有必要结合我国特色的制度背景和双重委托代理情境，考察反收购条款对公司治理和经营决策的影响，为监管部门制定反收购条款相关规章制度和上市公司完善公司治理提供政策启示。

---

① 《上市公司收购管理办法》（2002）第三十三条第2款规定：“收购人作出提示性公告后，被收购公司董事会除可以继续执行已经订立的合同或者股东大会已经作出的决议外，不得提议如下事项：（一）发行股份；（二）发行可转换公司债券；（三）回购上市公司股份；（四）修改公司章程；（五）订立可能对公司的资产、负债、权益或者经营成果产生重大影响的合同；但是公司开展正常业务的除外；（六）处置、购买重大资产，调整公司主要业务，但是面临严重财务困难的公司调整业务或者进行资产重组的除外。”

② 《上市公司收购管理办法》（2006）第33条规定：“收购人作出提示性公告后至要约收购完成前，被收购公司除继续从事正常的经营活动或者执行股东大会已经作出的决议外，未经股东大会批准，被收购公司董事会不得通过处置公司资产、对外投资、调整公司主要业务、担保、贷款等方式，对公司的资产、负债、权益或者经营成果造成重大影响。”

③ 2006年至今，证监会对《上市公司收购管理办法》进行了多次修改：2008年8月27日《关于修改〈上市公司收购管理办法〉第六十三条的决定》、2012年2月14日《关于修改〈上市公司收购管理办法〉第六十二条及第六十三条的决定》、2014年10月23日《关于修改〈上市公司收购管理办法〉的决定》、2020年3月20日证监会令第166号《关于修改部分证券期货规章的决定》。

# 第二篇　表征识别篇

# 第3章　中国上市公司反收购条款的表征识别研究

## 3.1　研究问题的提出

作为公司章程中自治性最强的条款之一，反收购条款一直备受学术界的关注。由于法律制度的差异，不同国家上市公司设置的反收购条款也各不相同。虽然国外学者认定的反收购条款种类较多，但是绝大部分不符合我国法律的要求（张伟华等，2019），仅有错列董事会、金色降落伞、绝对多数条款、累积投票制、董事提名权时间限制、董事提名权股份限制、董事资格审查等条款适用于中国上市公司章程。现有文献尚未能构建符合中国制度背景的反收购条款体系，进而导致国内学者只能探讨少数几个反收购条款在公司决策中的作用（陈玉罡和石芳，2014；李善民等，2016；许金花等，2018），这在一定程度上制约了中国反收购条款研究领域的发展。因此，迫切需要建立一个符合中国法律制度的反收购条款数据库，这样才能更好地推动反收购条款相关领域的研究。鉴于此，本章尝试采用文本分析识别出公司章程中的反收购条款，构建一个中国上市公司反收购条款数据库，为推动反收购条款研究领域的发展提供独特的数据资源。

## 3.2 反收购条款的表征识别

### 3.2.1 确定反收购条款种类和判别标准

郑志刚等（2011）指出，公司章程条款的变量选择和数据搜集是一个难题，而反收购条款在公司章程条款中更加难以识别，这导致Danielson和Karpoff（2006）、Bates等（2008）、Santos（2013）、陈玉罡和石芳（2014）、李善民等（2016）等学者仅能探讨少数几个反收购条款在公司决策中的作用，在一定程度上制约了反收购条款研究领域的发展。为了打破反收购条款研究领域的僵局，本章采用文本分析技术构建了中国上市公司反收购条款数据库。

首先，初步确认反收购条款种类和判别标准。本章通过文献梳理总结出理论上可能存在的反收购条款以及界定方式，然后删除不符合《公司法》《证券法》《上市公司章程指引》等法律法规要求的条款[①]。本章整理出我国上市公司采用的14种反收购条款，具体包括：限制董事提名权（DNTS）、错列董事会（SB）、董事资格审查（BQE）、限制董事任职资格（DNQL）、限制股东提案权（GMP）、信息披露（DR）、绝对多数条款（AM）、限制股东召集和主持股东大会（RCSM）、降落伞（GP）、明确反收购（CAT）、法律诉讼（LP）、股权结构调整（ESA）、白衣骑士（WK）和帕克曼式防御（PD）。反收购条款的判断标准和案例具体请见表3-1。

---

① 由于法律制度不同，西方发达资本市场国家常用的反收购条款并不都适用于我国上市公司。Gompers等（2003）整理出24种美国企业的反收购条款，其中有多种并不存在于中国资本市场。例如，毒丸计划、反绿色邮件、空头支票、并购法条、章程修改、控股现金流、薪酬计划、董事高管保障条款、控制权股份收购法、董事责任、公平价格法、董事保障、董事责任限制条款、退休金降落伞、无记名投票、高管隔离协议、不平等投票权和书面同意等；Bebchuk等（2009）则将反收购条款分成了6种，其中毒丸计划和股东章程修正案限制不存在于中国资本市场。

表3-1 **反收购条款示例说明**

| 序号 | 条款名称 | 判断标准 | 法律依据 | 典型案例 |
|---|---|---|---|---|
| 1 | 限制董事提名权（DNTS） | 1.限制股东持股时间；<br>2.限制股东持股比例 | 《上市公司章程指引》第82条：董事、监事候选人名单以提案的方式提请股东大会表决 | 1.中国联通（600050）公司章程（2018年）第89条；<br>2.龙宇燃油（603003）公司章程（2017年）第82条 |
| 2 | 错列董事会（SB） | 董事更换人数不能超过一定的比例 | 1.《上市公司章程指引》第96条：董事由股东大会选举或更换，任期（年数）。董事任期届满，可连选连任。董事在任期届满以前，股东大会不能无故解除其职务；<br>2.《公司法》第45条：董事任期由公司章程规定，但每届任期不得超过3年。董事任期届满，连选可以连任 | 海澜之家（600398）公司章程（2014年）第96条 |
| 3 | 董事资格审查（BQE） | 本届董事会对增补董事进行资格审查 | 相关法律法规未做要求 | 科达股份（600986）公司章程（2010年）第82条 |
| 4 | 限制董事任职资格（DNQL） | 对董事候选人的业务管理经验作出时间上的限制 | 相关法律法规未做要求 | 隆平高科（000998）公司章程（2016年）第96条 |
| 5 | 限制股东提案权（GMP） | 1.限制股东持股时间；<br>2.限制股东持股比例 | 1.《上市公司章程指引》第53条：公司召开股东大会，董事会、监事会以及单独或者合并持有公司3%以上股份的股东，有权向公司提出提案；<br>2.《公司法》第102条：单独或者合计持有公司3%以上股份的股东，可以在股东大会召开10日前提出临时提案并书面提交董事会；<br>3.《上市公司股东大会规则》第14条：单独或者合计持有公司3%以上股份的普通股股东（含表决权恢复的优先股股东），可以在股东大会召开10日前提出临时提案并书面提交召集人 | 山东金泰（600385）公司章程（2016年）第53条 |

续表

| 序号 | 条款名称 | 判断标准 | 法律依据 | 典型案例 |
| --- | --- | --- | --- | --- |
| 6 | 信息披露（DR） | 对出售或收购资产的相关事项作出充分的说明或披露 | 相关法律法规未做要求 | 建研集团（002398）公司章程（2016年）第53条 |
| 7 | 绝对多数条款（AM） | 1.特殊事项决议通过要求超过出席股东大会的股东所持表决权的2/3；<br>2.董事长和副董事长选举产生要求超出全体董事的半数 | 1.《上市公司章程指引》第75条：股东大会作出特别决议，应当由出席股东大会股东（包括股东代理人）所持表决权的2/3以上通过；<br>2.《公司法》第103条：股东大会作出决议，必须经出席会议的股东所持表决权过半数通过。但是，股东大会作出修改公司章程、增加或者减少注册资本的决议，以及公司合并、分立、解散或者变更公司形式的决议，必须经出席会议的股东所持表决权的2/3以上通过；<br>3.《公司法》第109条：董事会设董事长一人，可以设副董事长。董事长和副董事长由董事会以全体董事的过半数选举产生 | 世联行（002285）公司章程（2018年）第78条 |
| 8 | 限制股东召集和主持股东大会（RCSM） | 限制召集和主持股东大会股东的持股时间 | 《公司法》第101条：董事会不能履行或者不履行召集股东大会会议职责的，监事会应当及时召集和主持；监事会不召集和主持的，连续90日以上单独或者合计持有公司10%以上股份的股东可以自行召集和主持 | 电广传媒（000917）公司章程（2008年）第53条 |
| 9 | 降落伞（GP） | 无故解除董监高时需要支付高额赔偿金 | 相关法律法规未做要求 | 雅化集团（002497）公司章程（2016年）第13条 |

续表

| 序号 | 条款名称 | 判断标准 | 法律依据 | 典型案例 |
| --- | --- | --- | --- | --- |
| 10 | 明确反收购（CAT） | 公司章程中明确提出在面临恶意收购的时候允许企业采取反收购措施，但未详细说明可采取何种手段 | 相关法律法规未做要求 | 华神科技（000790）公司章程（2016年）第107条 |
| 11 | 法律诉讼（LP） | 当面临恶意收购时，采取法律诉讼的手段 | 相关法律法规未做要求 | 山东金泰（600385）公司章程（2016年）第108条 |
| 12 | 股权结构调整（ESA） | 通过低价增发新股，摊薄原有股东的股权 | 相关法律法规未做要求 | 世联行（002285）公司章程（2018年）第109条 |
| 13 | 白衣骑士（WK） | 在面临恶意收购时，寻找友好第三方作为收购者 | 相关法律法规未做要求 | 福星股份（000926）公司章程（2018年）第108条 |
| 14 | 帕克曼式防御（PD） | 当企业面临恶意收购时，进行对抗性反向收购 | 相关法律法规未做要求 | 福星股份（000926）公司章程（2018年）第109条 |

其次，确定反收购条款在公司章程中的具体位置。人工读取2019年中国上市公司章程，检验每一种反收购条款是否真实存在于中国上市公司章程中，对各种条款在公司章程中出现的具体章节以及相关的表述进行记录，具体内容见表3-2。同时，检查是否有遗漏的条款。在此基础上，确定最终的中国上市公司章程中存在的反收购条款种类。

表3-2 **文本分析的关键词条和具体位置**

| 序号 | 反收购条款名称 | 判断标准 | 关键词条 | 公司章程中的章节 |
|---|---|---|---|---|
| 1 | 限制董事提名权（DNTS） | 限制股东持股时间 | 文本中包含："董事"且"提名"以及"单独或者合并持有"或"单独"或"合并持有"…（考虑到中文表述的多样性，本章借助了WinGo（文构财经文本数据平台）中"同义词词林"寻找到了关键词的同义词，在此基础上进行了文本分析，下同）；<br>同时，满足下列关键字之一：<br>1."连续90天（或日）""连续九十天（或日）""连续180天（或日）""连续一百八十天（或日）""连续270天（或日）""连续二百七十天（或日）""连续365天（或日）""连续三百六十五天（或日）"…（同理，还有其他的天数，限于篇幅在此并未详细列出）；<br>2."连续3（或三）个月""连续6（或六）个月""连续9（或九）个月""连续12（或十二）个月""连续15（或十五）个月""连续18（或十八）个月""连续21（或二十一）个月""连续24（或二十四）个月"…（同理，还有其他的月数）；<br>3."连续1（或一）年""连续2（或两）年""连续3（或三）年""连续4（或四）年""连续5（或五）年"…（同理，还有其他的年数） | 第四章"股东和股东大会"第六节"股东大会的表决和决议" |
| | | 限制股东持股比例 | 文本中包含："董事"且"提名"以及"单独或者合并持有"、"单独"或"合并持有"…；<br>同时，满足下列关键字之一：<br>1.2006年至今（《公司法》（2005年修正）第一百零三条、《上市公司章程指引》（证监〔2006〕38号）第五十三条规定从2006年开始明确提出以持股比例3%作为标准）："4%""百分之四""5%""百分之五""6%""百分之六""7%""百分之七""8%""百分之八""9%""百分之九""10%""百分之十""11%""百分之十一""12%""百分之十二"…"29%""百分之二十九""30%""百分之三十"…<br>2.2006年之前（《上市公司章程》（证监〔1997〕16号）第五十七条规定以持股比例5%作为标准）："6%""百分之六""7%""百分之七""8%""百分之八""9%""百分之九""10%""百分之十""11%""百分之十一""12%""百分之十二"…"29%""百分之二十九""30%""百分之三十"… | |

续表

| 序号 | 反收购条款名称 | 判断标准 | 关键词条 | 公司章程中的章节 |
|---|---|---|---|---|
| 2 | 错列董事会（SB） | 董事更换人数不能超过一定的比例 | 文本中包含："任期届满"或"更换"或"改选"或"继任"…<br>且包含"不超过""不得超过""不得多于"…<br>同时，满足下列关键字之一：<br>1."1/3""三分之一""1/4""四分之一""1/5""五分之一"…"2/3""三分之二"…<br>2."1（或一）人""2（或二、两）人""3（或三）人"…"1（或一）名""2（或二、两）名""3（或三）名"… | 第五章"董事会"<br>第一节"董事" |
| 3 | 董事资格审查（BQE） | 本届董事会对增补董事进行资格审查 | 文本中包含："提案"、"提名议案"且"董事"且"候选人"…<br>同时，满足下列关键字之一：<br>"核实了解""资格审查""资格进行审查"… | 第四章"股东和股东大会"<br>第六节"股东大会的表决和决议" |
| 4 | 限制董事任职资格（DNQL） | 对董事候选人的业务管理经验作出时间上的限制 | 文本中包含："董事"且"候选人"且"管理经验"…<br>同时，满足下列关键字之一：<br>"1（或一）年以上""2（或二、两）年以上""3（或三）年以上""4（或四）年以上"…"连续2（或二、两）年""连续3（或三）年""连续4（或四）年"… | 第五章"董事会"<br>第一节"董事" |

续表

| 序号 | 反收购条款名称 | 判断标准 | 关键词条 | 公司章程中的章节 |
|---|---|---|---|---|
| 5 | 限制股东提案权（GMP） | 限制股东持股时间 | 文本中包含：“提出临时议案”或“提出提案”或“提案”…且“单独或者合并持有” 或“单独”或“合并持有”…<br>同时，满足下列关键字之一：<br>1.“连续90天（或日）”“连续九十天（或日）”“连续180天（或日）”“连续一百八十天（或日）”“连续270天（或日）”“连续二百七十天（或日）”“连续365天（或日）”“连续三百六十五天（或日）”…（同理，还有天数，限于篇幅在此并未详细列出）；<br>2.“连续3（或三）个月”“连续6（或六）个月”“连续9（或九）个月”“连续12（或十二）个月”“连续15（或十五）个月”“连续18（或十八）个月”“连续21（或二十一）个月”“连续24（或二十四）个月”…（同理，还有其他的月数）；<br>3.“连续1（或一）年”“连续2（或二、两）年”“连续3（或三）年”“连续4（或四）年”“连续5（或五）年”…（同理，还有其他的年数） | 第四章“股东和股东大会”第四节“股东大会的提案与通知 |
| | | 限制股东持股比例 | 文本中包含：“提出临时议案”或“提出提案”或“提案”…且“单独或者合并持有” 或“单独”或“合并持有”…<br>同时，满足下列关键字之一：<br>1.2006年至今（《公司法》（2005年修正）第一百零三条、《上市公司章程指引》（证监〔2006〕38号）第五十三条规定从2006年开始明确提出以持股比例3%作为标准）：“4%”“百分之四”“5%”“百分之五”“6%”“百分之六”“7%”“百分之七”“8%”“百分之八”“9%”“百分之九”“10%”“百分之十”“11%”“百分之十一”“12%”“百分之十二”… “29%”“百分之二十九”“30%”“百分之三十”…<br>2.2006年之前（《上市公司章程》（证监〔1997〕16号）第五十七条以持股比例5%作为标准）：“6%”“百分之六”“7%”“百分之七”“8%”“百分之八”“9%”“百分之九”“10%”“百分之十”“11%”“百分之十一”“12%”“百分之十二”…“29%”“百分之二十九”“30%”“百分之三十”… | |

续表

| 序号 | 反收购条款名称 | 判断标准 | 关键词条 | 公司章程中的章节 |
| --- | --- | --- | --- | --- |
| 6 | 信息披露（DR） | 对出售或收购资产的相关事项作出充分的说明或披露 | 文本中包含："恶意收购""敌意收购"…且"议案"且"收购方"…<br>同时，满足下列关键字之一：<br>"分析及说明""提供全部相关资料""披露义务"… | 第四章"股东和股东大会"第四节"股东大会的提案与通知"、<br>第五章"董事会"第二节"董事会" |
| 7 | 绝对多数条款（AM） | 特殊事项决议通过要求超过出席股东大会的股东所持表决权的2/3 | 文本中包含："特别决议"且"表决权"或"选举""罢免"…<br>同时，满足下列关键字之一：<br>1."3/4""四分之三""4/5""五分之四以上"…；<br>2."75%""百分之七十五""80%""百分之八十"… | 第四章"股东和股东大会"第六节"股东大会的表决和决议"、<br>第五章"董事会"第二节"董事会"、<br>第六章经理及其他高级管理人员 |
| | | 董事长和副董事长选举要求超出全体董事的半数 | 文本中包含："董事长"且"选举"或"更换"或"罢免"…同时，满足下列关键字之一：<br>1."2/3""三分之二""3/4""四分之三""4/5""五分之四"…；<br>2."66%""百分之六十六""75%""百分之七十五""80%""百分之八十"… | |
| 8 | 限制股东召集和主持股东大会（RCSM） | 限制召集和主持股东大会股东的持股时间 | 文本中包含："股东大会"且"自行"且"召集和主持"…且"单独或者合并持有"或"单独"或"合并持有"…<br>同时，满足下列关键字之一：<br>1."连续180天（或日）""连续一百八十天（或日）""连续270天（或日）""连续二百七十天（或日）""连续365天（或日）""连续三百六十五天（或日）""连续6个月""连续六个月""连续9个月""连续九个月""连续12个月""连续十二个月""连续半年""连续1年""连续一年""连续2年""连续两年""连续3年""连续三年"…；<br>2."11%""百分之十一""12%""百分之十二""13%""百分之十三""14%""百分之十四"…"20%""百分之二十"… | 第四章"股东和股东大会"第三节"股东大会的召集" |

续表

| 序号 | 反收购条款名称 | 判断标准 | 关键词条 | 公司章程中的章节 |
|---|---|---|---|---|
| 9 | 降落伞<br>（GP） | 无故解除董监高时需要支付高额赔偿金 | 文本中包含："解除或终止职务"或"解除劳动合同"或"提出辞职"或"被动离职"…<br>同时，满足下列关键字：<br>1."赔偿金""经济补偿"…；<br>2."2倍""两倍""3倍""三倍""4倍""四倍"…"10倍""十倍"… | 第五章"董事会"<br>第一节"董事"或第二节"董事会" |
| 10 | 明确反收购<br>（CAT） | 公司章程中明确提出在面临恶意收购的时候允许企业采取反收购措施，但未详细说明可采取何种手段 | 文本中包含："恶意收购"或"敌意收购"…且"反收购措施"或"反收购方案"… | 第五章"董事会"<br>第二节"董事会" |
| 11 | 法律诉讼<br>（LP） | 当面临恶意收购时，采取法律诉讼的手段 | 文本中包含："恶意收购"或"敌意收购"…且"法律诉讼"或"法律手段"… | 第五章"董事会"<br>第二节"董事会" |
| 12 | 股权结构调整<br>（ESA） | 通过低价增发新股，摊薄原有股东的股权 | 文本中包含："恶意收购"或"敌意收购"…且"股权结构"且"调整"或"增发"… | 第五章"董事会"<br>第二节"董事会" |
| 13 | 白衣骑士<br>（WK） | 在面临恶意收购时，寻找友好第三方作为收购者 | 文本中包含："恶意收购"或"敌意收购"…且"其他收购者"或"第三方收购者"… | 第五章"董事会"<br>第二节"董事会" |
| 14 | 帕克曼式防御<br>（PD） | 当企业面临恶意收购时，进行对抗性反向收购 | 文本中包含："恶意收购"或"敌意收购"…且"对抗"或"反向收购"… | 第五章"董事会"<br>第二节"董事会" |

### 3.2.2 基于文本分析的反收购条款数据库构建

本章采用文本分析技术获取公司章程中的反收购条款，构建中国上市公司反收购条款数据库。需要说明的是，文本分析结果的准确性高度依赖文本信息自身的规范性和结构性（Choi等，2021），公司章程中的文本恰好符合上述的前提要求。证监会颁布的《上市公司章程指引》为公司章程的制定提供了范本，上市公司按照《上市公司章程指引》中列示的十二章内容来设计公司章程[①]。由此制定出的公司章程具有较强的规范性和结构性，这为文本分析奠定了良好的基础。例如，错列董事会、限制董事任职资格等条款只会在公司章程第五章"董事会"第一节"董事"中出现。本章对反收购条款的关键词条和在公司章程中的具体位置进行了整理，具体见表3-2。在此基础上，Python可以精准地寻找到对应的内容进行文本分析，获取反收购条款的详细信息。

本章采用文本分析技术对2003年至2019年中国上市公司章程进行解读，获取公司—年度—反收购条款层面上的数据，校验文本分析获取反收购条款数据的准确性。对比2019年度文本分析和人工读取的反收购条款数据，对于不一致的数据采用人工判别的方法来定夺。分年度在2003年至2018年设置反收购条款样本中随机抽取20%的样本，人工读取后与文本分析的结果进行对比。在未设置反收购条款的样本中随机抽取20%的样本，人工检验是否存在遗漏反收购条款的情况。校验结果显示，文本分析的准确度高达93%，同时并未发现遗漏反收购条款的情况。最后，根据上一步骤发现的问题，改进代码后重新进行文本分析，获取上市公司反收购条款数据，构建中国上市公司反收购条款数据库。

① 虽然监管部门为上市公司章程自治提供了较大的空间，但是在公司章程的框架结构上仍然给予了严格规范。《上市公司章程指引》中列示了公司章程具体章节，包括：第一章总则；第二章经营宗旨和范围；第三章股份；第四章股东和股东大会；第五章董事会；第六章经理及其他高级管理人员；第七章监事会；第八章财务会计制定、利润分配和审计；第九章通知和公告；第十章合并、分立、增资、减资、解散和清算；第十一章修改章程；第十二章附则。

### 3.2.3 识别效果的验证

本章已经采用了人工随机抽样校对的方式来检验反收购条款识别效果，识别的准确度高达93%。为了识别爬虫的效果，本章还从反收购效果的角度验证反收购条款识别的效果。按照现有文献的观点，反收购条款可以降低企业被收购或增加成功收购的概率（Giroud和Mueller，2010；Field和Karpoff，2002）。此时，如果文本分析的效果较好，那么反收购条款应该与企业被收购或成功收购的概率呈显著负相关关系。基于此，本章设计如下检验模型：

$$Takeover\_Dummy_{it}/Takeover\_Success_{it} = \gamma_0 + \gamma_1 ATP_{it} + Controls_{it} + \varepsilon \tag{3.1}$$

其中，Takeover_Dummy为公司是否被收购，当公司当年遭遇收购时为1，否则为0；Takeover_Success为公司是否被成功收购，当公司被成功收购时为1，否则为0。ATP为公司章程中设置反收购条款的数量。Control为控制变量，具体包括企业规模（Size）、上市年龄（Age）、成长能力（Growth）、偿债能力（Lev）、盈利能力（ROA）、现金流量（CF）、股权集中度（Top1）、独立董事比例（ID）、产权性质（SOE）、行业（Ind）和年度（Year）。从表3-3可知，反收购条款与是否被收购以及是否被成功收购的回归系数均在1%的水平上显著为负，这表明，设置反收购条款的上市公司遭遇“野蛮人”敌意收购的可能性更低，被成功收购的可能性也较低。由此，上述检验从侧面证实了本章识别的反收购条款精准度较高。

同时，本章还统计了是否设置反收购条款样本组被收购和被成功收购的组间差异。从表3-4中可以发现，设置反收购条款企业被收购的可能性显著低于未设置反收购条款企业。更为重要的是，设置反收购条款企业被成功收购的概率仅为未设置反收购条款企业的一半。整体而言，上述发现从侧面也证实了本章采用文本分析识别出的反收购条款具有较高的有效性。

表3-3 反收购条款识别效果的测试结果

| 变量 | （1） | （2） |
|---|---|---|
| ATP | $-0.173^{***}$ | $-0.473^{***}$ |
| | （-2.699） | （-2.650） |
| Size | $0.127^{**}$ | 0.130 |
| | （2.183） | （1.224） |
| Age | $0.725^{***}$ | 0.251 |
| | （7.223） | （1.075） |
| Growth | $0.249^{***}$ | $0.532^{***}$ |
| | （3.149） | （3.268） |
| Lev | -0.057 | -0.048 |
| | （-0.168） | （-0.070） |
| ROA | $-1.899^{**}$ | 2.601 |
| | （-2.191） | （1.374） |
| CF | -0.675 | $-2.811^{**}$ |
| | （-0.958） | （-2.008） |
| Top1 | -0.147 | -0.122 |
| | （-0.419） | （-0.152） |
| ID | 0.801 | -1.177 |
| | （0.855） | （-0.601） |
| SOE | 0.120 | -0.331 |
| | （1.042） | （-1.275） |
| Constant | $-8.879^{***}$ | -1.405 |
| | （-7.022） | （-0.616） |
| Year/Ind | YES | YES |
| N | 34 366 | 495 |
| Adj-$R^2$ | 0.074 | 0.155 |

注：***、**、*分别表示回归系数在1%、5%、10%的水平上显著。列（1）的被解释变量为企业是否被收购Takeover_Dummy；列（2）的被解释变量为企业是否被成功收购Takeover_Success。

表3-4　　反收购条款效应的组间差异分析

| 变量 | 设置反收购条款的样本 | 未设置反收购条款的样本 | 组间差异 |
|---|---|---|---|
| | 均值 | 均值 | |
| 是否被收购 | 0.011 | 0.016 | −0.005*** |
| 是否被成功收购 | 0.005 | 0.010 | −0.005*** |

注：***、**、*分别表示回归系数在1%、5%、10%的水平上显著。

## 3.3 反收购条款的特征分析

### 3.3.1 时间分布特征

表3-5列示了反收购条款的时间分布特征。从表中可知，2003年至2019年期间我国设置反收购条款的上市公司基本逐年增加，上市公司数量随着反收购条款数量的增加而逐渐减少。具体而言，在2003年时仅有1家上市公司设置了反收购条款。随着2005年和2006年法律法规给予公司章程自治空间的加大，设置反收购条款的上市公司从2007年的159家增长到2019年1 648家。其中，设置4条及以内反收购条款的年度观察样本为11 302个，而设置4条以上反收购条款的样本仅为115个，占设置反收购条款样本总数的1%。

表3-5　　反收购条款的年度分布特征分析

| 数量 | 0 | 1 | 2 | 3 | 4 | 5 | 6 | 7 | 8 | 9 | 10 | 11 | 12 |
|---|---|---|---|---|---|---|---|---|---|---|---|---|---|
| 2003 | 1 057 | 1 | 0 | 0 | 0 | 0 | 0 | 0 | 0 | 0 | 0 | 0 | 0 |
| 2004 | 1 139 | 12 | 0 | 0 | 0 | 0 | 0 | 0 | 0 | 0 | 0 | 0 | 0 |
| 2005 | 1 138 | 25 | 0 | 0 | 0 | 0 | 0 | 0 | 0 | 0 | 0 | 0 | 0 |
| 2006 | 1 120 | 69 | 18 | 5 | 3 | 0 | 0 | 0 | 0 | 0 | 0 | 0 | 0 |
| 2007 | 1 156 | 116 | 30 | 9 | 4 | 0 | 0 | 0 | 0 | 0 | 0 | 0 | 0 |
| 2008 | 1 118 | 195 | 50 | 15 | 6 | 1 | 0 | 0 | 0 | 0 | 0 | 0 | 0 |

续表

| 数量 | 0 | 1 | 2 | 3 | 4 | 5 | 6 | 7 | 8 | 9 | 10 | 11 | 12 |
|---|---|---|---|---|---|---|---|---|---|---|---|---|---|
| 2009 | 1 092 | 265 | 79 | 21 | 7 | 1 | 0 | 0 | 0 | 0 | 0 | 0 | 0 |
| 2010 | 1 282 | 353 | 111 | 27 | 10 | 1 | 0 | 0 | 0 | 0 | 0 | 0 | 0 |
| 2011 | 1 422 | 427 | 152 | 36 | 10 | 2 | 0 | 0 | 0 | 0 | 0 | 0 | 0 |
| 2012 | 1 414 | 521 | 189 | 50 | 18 | 1 | 1 | 0 | 0 | 0 | 0 | 0 | 0 |
| 2013 | 1 345 | 564 | 206 | 56 | 18 | 2 | 1 | 0 | 0 | 0 | 0 | 0 | 0 |
| 2014 | 1 363 | 609 | 245 | 67 | 20 | 4 | 1 | 0 | 0 | 0 | 0 | 0 | 0 |
| 2015 | 1 434 | 696 | 285 | 80 | 19 | 4 | 1 | 0 | 0 | 0 | 0 | 0 | 0 |
| 2016 | 1 523 | 762 | 318 | 87 | 21 | 5 | 5 | 2 | 2 | 1 | 2 | 2 | 1 |
| 2017 | 1 754 | 869 | 378 | 107 | 28 | 8 | 5 | 2 | 2 | 1 | 2 | 3 | 0 |
| 2018 | 1 810 | 925 | 363 | 98 | 29 | 8 | 4 | 2 | 2 | 1 | 2 | 3 | 0 |
| 2019 | 1 782 | 1 073 | 401 | 111 | 33 | 10 | 5 | 3 | 3 | 3 | 3 | 3 | 0 |
| 汇总 | 22 949 | 7 482 | 2 825 | 769 | 226 | 47 | 23 | 9 | 9 | 6 | 9 | 11 | 1 |

### 3.3.2 行业分布特征

表3-6列示了反收购条款的行业分布特征。从表中数据可知，制造业上市公司设置反收购条款较为普遍，共有6 097个年度观测样本设置了反收购条款，占设置反收购条款总样本的61.21%。这主要是由于制造业的公司控制权市场较为发达，市场中的收购活动较多。除此之外，批发零售业，信息传输、计算机服务和软件业，房地产业以及电力、燃气及水的生产与供应业相关的上市公司设置反收购条款也较为普遍。相反，居民服务和其他服务业，教育业，住宿和餐饮业以及卫生、社会保障和社会福利业的上市公司较少设置反收购条款，这主要因为上述行业面临的收购威胁较小。

表3-6 **反收购条款的行业分布特征分析**

| 行业代码 | 行业名称 | 设置反收购条款 | |
|---|---|---|---|
| | | 数量 | 占比 |
| A | 农林牧渔业 | 135 | 1.36% |
| B | 采矿业 | 230 | 2.31% |
| C | 制造业 | 6 097 | 61.21% |
| D | 电力、燃气及水的生产与供应业 | 445 | 4.47% |
| E | 建筑业 | 246 | 2.47% |
| F | 批发零售业 | 619 | 6.21% |
| G | 交通运输、仓储和邮政业 | 303 | 3.04% |
| H | 住宿和餐饮业 | 55 | 0.55% |
| I | 信息传输、计算机服务和软件业 | 567 | 5.69% |
| K | 房地产业 | 556 | 5.58% |
| L | 租赁业和商务服务业 | 180 | 1.81% |
| M | 科学研究、技术服务业 | 111 | 1.11% |
| N | 生态保护、环境治理业和公共设施管理业 | 135 | 1.36% |
| O | 居民服务和其他服务业 | 0 | 0 |
| P | 教育业 | 7 | 0.07% |
| Q | 卫生、社会保障和社会福利业 | 37 | 0.37% |
| R | 文化、体育和娱乐业 | 167 | 1.68% |
| S | 综合 | 71 | 0.71% |

### 3.3.3 企业股权结构特征

从表3-7中可以发现，设置反收购条款的上市公司中以非国有企业和股权分散的企业居多，占比分别为73.3%和58.1%。从理论上来讲，国有上市公司或者股权集中的上市公司遭遇收购的可能性较低，此类上市公司设置反收购条款的可能性也较低。但是，在现实中国有上市公司和股权集中度较高的公司依然设置了大量的反收购条款。具体而言，有26.7%的国有企业和41.9%的股权集中的上市公司设置了反收购条款。

表3-7　　设置反收购条款的公司股权特征分析

| 项目 | 股权性质 | | 股权结构 | |
|---|---|---|---|---|
| | 国有 | 非国有 | 集中 | 分散 |
| 占比 | 0.267 | 0.733 | 0.419 | 0.581 |

### 3.3.4　反收购条款特征

反收购条款按照不同的反收购强度、设置环节和直接受益主体分成不同的类型，表3-8列示了不同反收购条款特征的差异。借鉴陈玉罡和石芳（2014）的方法，本章将绝对多数条款（AM）、错列董事会（SB）、限制董事任职资格（DNQL）、限制董事提名权（DNTS）、董事资格审查（BQE）等视为反收购效应较强的条款，其他的则为反收购效应较弱的条款。按照Ryngaer和Scholten（2010）的分类方法，本章将明确反收购（CAT）、法律诉讼（LP）、白衣骑士（WK）、帕克曼式防御（PD）和股权结构调整（ESA）界定为事中防御条款，将其他几种界定为事前防御条款。另外，按照股权集中度（第一大股东持股比例）的年度中位数和有无实际控制人，本章将样本分为控股股东主导型和高管主导型两个样本组。从表中结果可知，从反收购条款强度和设置环节来看，大部分上市公司设置了反收购强度较高的反收购条款，或者是事前防御环节的反收购条款。另外，从反收购条款设置的直接受益主体来看，有82.9%的反收购条款直接受益主体为高管。这意味着，反收购条款很有可能沦为上市公司管理层谋求私利的工具或保护伞。当然这只是个猜想，还要有后续的实证研究的验证。

表3-8　反收购条款的特征分析

| 项目 | 强度 | | 环节 | | 直接受益主体 | |
|---|---|---|---|---|---|---|
| | 强 | 弱 | 事前 | 事中 | 高管 | 非高管 |
| 占比 | 0.842 | 0.158 | 0.952 | 0.048 | 0.829 | 0.171 |

## 3.4 反收购条款设置的影响因素研究

### 3.4.1 研究设计

（1）样本选取与数据来源

2006年，我国修订了《上市公司章程指引》，要求上市公司按照指引在最近一次的股东大会上修改章程，越来越多股权分散的上市公司在上市公司章程中设置了反收购条款。因此，本书所选取的研究样本为2007—2020年的中国A股上市公司，并按照如下标准进行选择或剔除：①去除ST和*ST公司等已退市公司和数据无法获得的公司；②去除金融行业上市公司。最终获得30 199个观测样本。相关数据来源于CSMAR数据库。

设置反收购条款的效果研究部分重点研究反收购条款的设置是否会降低上市公司被并购的概率。因此，该部分研究选取的研究样本为2007—2020年中国A股上市公司，并按照如下标准进行选择或剔除：①剔除中小板、创业板和B股的上市公司；②去除ST和*ST公司等已退市公司和数据无法获得的公司、金融行业上市公司；③将当年数据和上一年反收购条款设置情况匹配。最终获得A股上市公司27 416个样本数据。相关数据来源于CSMAR数据库。

反收购条款的搜集过程：首先，明确公司章程中哪些条款具有反收购的效用，确认为反收购条款；其次，通过整理归纳出各项反收购条款的关键字；再次，运用Python进行文本分析，搜索关键字词，查找2007—2020年间上市公司章程中是否设置了反收购条款，如有则记录下该公司设置的反收购条款；最后，统计出研究年度中各公司反收购条款设置情况，建造我国上市公司反收购条款数据库。同时，为了排除极端值的影响，本书对所有连续型变量进行了1%和99%的Winsorize缩尾处理。

（2）变量界定

本书该部分的被解释变量是反收购条款，在查阅上市公司章程的过程中，归纳出14条反收购条款。公司章程中当年设置反收购条款，定义被解释变量为1；公司章程中当年未设置反收购条款，则被解释变量为0。

本书该部分的解释变量为反收购条款的影响因素。参考已有文献，归纳出以下可能影响反收购条款设置的因素进行重点研究，包括股权集中度（Top1）、公司有无实际控制人（Controller）、两权分离度（Separation）、前三高管薪酬（Salary）、资产负债率（Lev）、账面市值比（BM）。这些指标都可能对反收购条款的设置产生影响。

本书该部分的被解释变量是公司当年是否发生并购（M&A），上市公司当年发生被并购的情况，定义被解释变量为1；上市公司当年没有发生被并购的情况，则被解释变量为0。

本书该部分的解释变量是公司上一年度是否设置反收购条款，原因是为了排除并购事件对当年设置反收购条款情况的影响。利用上文归纳出的14条反收购条款，公司章程中上一年设置了反收购条款，定义被解释变量为1；公司章程中上一年未设置反收购条款，则被解释变量为0。

控制变量的选取：企业规模（Size）、产权性质（SOE）、董事会规模（Board）、独立董事比例（Outside）、管理层持股比例（MS）、两职合一（Dual）、市盈率（P/E）、资产报酬率（ROA）、营业收入增长率（Growth）、行业（Ind）和年度（Year）。具体的变量定义见表3-9。

表3-9 **变量定义**

| 变量类型 | 变量名称 | 变量符号 | 变量解释 |
| --- | --- | --- | --- |
| 被解释变量 | 反收购条款 | ATPD | 上市公司当年设置反收购条款ATPD为1，否则为0 |
| | 并购事件 | M&A | 上市公司当年面临收购为1，否则为0 |

续表

| 变量类型 | 变量名称 | 变量符号 | 变量解释 |
| --- | --- | --- | --- |
| 解释变量 | 股权集中度 | Top1 | 第一大股东持股比例 |
| | 公司有无实际控制人 | Controller | 有实际控制人为1，否则为0 |
| | 两权分离度 | Separation | 实际控制人所有权和控制权的分离程度 |
| | 前三高管薪酬 | Salary | 前三高管薪酬的自然对数 |
| | 资产负债率 | Lev | 负债与资产之比 |
| | 账面市值比 | BM | 上市公司账面价值与市值之比 |
| 控制变量 | 企业规模 | Size | 总资产的自然对数 |
| | 产权性质 | SOE | 上市公司产权性质是国企为1，否则为0 |
| | 董事会规模 | Board | 董事会人数的自然对数 |
| | 独立董事比例 | Outside | 独立董事占比 |
| | 管理层持股比例 | MS | 管理层所持股数/总股数 |
| | 两职合一 | Dual | 董事长和总经理同一人为1，否则为0 |
| | 市盈率 | P/E | 每股市价/每股盈余 |
| | 资产报酬率 | ROA | 净利润/平均总资产 |
| | 营业收入增长率 | Growth | 本年营业收入增加额/上年营业收入总额 |
| | 行业 | Ind | 行业控制变量 |
| | 年度 | Year | 年度控制变量 |

（3）模型设计

本书主要研究设置反收购条款的影响因素对企业设置反收购条款的影响。选取2007—2020年期间全部A股上市公司为样本，进行筛选最终得到30 199个样本数据。本书根据已有研究，考虑影响反收购条款的因素，如股权集中度（Top1）、公司有无实际控制人（Controller）、两权分离度（Separation）、前三高管薪酬（Salary）、资产负债率（Lev）、账面市值比（BM），建立Logit模型（3.2）。Logit模型具体如下：

$$ATPD_{it} = \alpha_0 + \alpha_1 Top1_{it} + \alpha_2 Controller_{it} + \alpha_3 Separation + \alpha_4 Salary_{it} + \alpha_5 Lev + \alpha_6 BM + Control + \varepsilon \tag{3.2}$$

其中，ATPD代表公司在样本年度内是否采用反收购条款的哑变量，如果企业在当年设置反收购条款则为1，否则为0。如果反收购条款影响因素的回归系数显著为正，说明该影响因素能够促进企业设置反收购条款；如果反收购条款影响因素的回归系数显著为负，说明该影响因素能够抑制企业设置反收购条款。

### 3.4.2 多元回归分析

本书以哑变量是否设置反收购条款为被解释变量，以各类反收购条款影响因素为解释变量，对上市公司的规模、产权性质等公司指标进行了控制，除此之外，还对年份和行业加以控制，进行了多元回归，回归结果见表3-10。由表3-10的回归结果可以看出各个影响因素对公司设置反收购条款的影响。第一，股权集中度与企业反收购条款的设置在1%的水平上显著负相关，说明公司中股权集中度越高，企业设置反收购条款的情况越少。相反，公司股权的分散度高会促使其设置反收购条款。第二，公司有无实际控制人与反收购条款的设置也在1%的水平上显著负相关，这意味着不存在实际控制人的上市公司倾向于设置反收购条款。比如，在股权分散的公司中很可能不存在实际控制人，这样的公司降低了收购方获得控制权的难度，更容易面临被收购的情况。第三，两权分离度与企业设置反收购条款在1%的水平上显著正相关。这说明当企业所有权和实际控制权分离度高时，企业设置反收购条款的行为也会减少。第四，高管薪酬与反收购条款的设置也在1%的水平上显著正相关。这说明当高管薪酬水平高时，高管为了能够保住自己的地位，更倾向于在公司章程中设置反收购条款。第五，资产负债率与企业反收购条款的设置在1%的水平上显著负相关，这意味着资产负债率越低的公司越容易在章程中设置反收购条款。说明企业财务状况良好的公司更容易成为目标公司，从而面临被收购的风险。第六，账面市值比与企业设置反收购条款的系数为0.407，在1%的水平上显著正相关。说明当该比率较高时，市场对企业前景可能并不看好，导致市场价格相对于资产账面价值偏低。此时遭到恶意并购的可能性较高，管理者或股东对公司信心的缺乏会促使公司在章程中设置反收购条款。

表3-10 多元回归结果

| 变量 | (1) |
|---|---|
| | ATPD |
| Top1 | -0.768*** |
| | (-8.27) |
| Controller | -0.697*** |
| | (-6.76) |
| Separation | 0.019*** |
| | (10.70) |
| Salary | 0.087*** |
| | (5.64) |
| Lev | -0.409*** |
| | (-4.99) |
| BM | 0.407*** |
| | (5.41) |
| Size | -0.105*** |
| | (-6.33) |
| SOE | 0.064* |
| | (1.88) |
| Board | 0.054 |
| | (0.67) |
| Outside | -0.317 |
| | (-1.12) |
| Manshare | -0.789*** |
| | (-9.49) |

续表

| 变量 | (1) |
|---|---|
| | ATPD |
| Dual | -0.091*** |
| | (-2.99) |
| PE | 0.000 |
| | (1.12) |
| ROA | 1.038*** |
| | (4.09) |
| Growth | -0.034 |
| | (-1.12) |
| Constant | 1.580*** |
| | (3.45) |
| Year/Ind | YES |
| N | 30 199 |
| $R^2$ | 0.070 |

注：***、**、*分别表示回归系数在1%、5%、10%的水平上显著。

本书使用上市公司当年是否发生并购（M&A）衡量公司的被并购概率，并以此作为被解释变量，对公司治理相关指标以及公司财务指标进行了控制。除此之外，还对行业与年度加以控制，进行了多元回归分析。考虑到上市公司上一年度设置反收购条款和上市公司当年是否发生并购均为非连续变量，均为虚拟变量，本书为了使结果更加准确，使用Logistic模型进行回归。回归结果见表3-11。

表3-11　　**反收购条款与被收购概率关系的回归结果**

| 变量 | (1) |
|---|---|
| | M&A |
| $ATPD_{t-1}$ | -0.312*** |
| | (-11.24) |

续表

| 变量 | (1) |
|---|---|
| | M&A |
| Size | 0.152*** |
| | (8.73) |
| SOE | -0.595*** |
| | (-16.95) |
| Top1 | -1.378*** |
| | (-14.26) |
| Controller | 0.051 |
| | (0.47) |
| Separation | -0.008*** |
| | (-4.04) |
| Board | 0.094 |
| | (1.13) |
| Outside | -0.147 |
| | (-0.51) |
| Manshare | 0.021 |
| | (0.24) |
| Salary | 0.016 |
| | (1.02) |
| Dual | 0.013 |
| | (0.40) |
| PE | 0.000 |
| | (0.65) |
| BM | -1.377*** |
| | (-17.48) |

续表

| 变量 | (1) |
|---|---|
| | M&A |
| Lev | 0.229*** |
| | (2.71) |
| ROA | -1.665*** |
| | (-6.28) |
| Growth | 0.094*** |
| | (3.03) |
| Constant | -1.919*** |
| | (-4.07) |
| Year/Ind | YES |
| N | 27 416 |
| $R^2$ | 0.081 |

注：***、**、*分别表示回归系数在1%、5%、10%的水平上显著。

表3-11列示了使用Logistic模型估计设置上市公司上一年度设置反收购条款对上市公司当年是否发生并购的影响。反收购条款对并购事件发生的概率回归系数为-0.312，在1%的水平上显著负相关。综合回归结果，即设置反收购条款的上市公司对降低自身被并购的概率产生显著影响。本书认为，设置反收购条款的公司对于收购方来说获得其控制权的成本更高、难度更大，这将导致收购方放弃对目标公司的收购。

### 3.4.3 稳健性检验

（1）更换回归方法

为了使得回归结果更具普遍性，本书更换了回归方法。在主检验中，设置反收购条款的影响因素研究构建了Logit模型。本书将Logit模型替换成Probit模型，重新进行回归。回归结果见表3-12，第一大股东持股比例（Top1）对反收购条款数量的回归系数为-0.469，在1%的水平上显著负相关。公司有无实际控制人（Controller）对是否设置反收购条款（ATPD）的回归系数为-0.433，在1%的水平上显著为负。资产负债率（Lev）对是否设置反收购条款（ATPD）的回归系数为-0.248，在1%的水平上负相关。两权分离度（Separation）对是否设置反收购条款的回归系数为0.012，在1%的水平上显著为正。前三高管薪酬（Salary）对是否设置反收购条款的回归系数为0.054，在1%的水平上显著为正。账面市值比（BM）对是否设置反收购条款（ATPD）的回归系数为0.256，在1%的水平上显著为正。上述结果均与前文一致。

表3-12 Probit回归结果

| 变量 | (1) |
|---|---|
| | ATPD |
| Top1 | -0.469*** |
| | (-8.26) |
| Controller | -0.433*** |
| | (-6.83) |
| Separation | 0.012*** |
| | (10.82) |
| Salary | 0.054*** |
| | (5.78) |
| Lev | -0.248*** |
| | (-4.98) |
| BM | 0.256*** |
| | (5.62) |
| Size | -0.105*** |
| | (-6.33) |
| SOE | 0.064* |

续表

| 变量 | (1) |
| --- | --- |
| | ATPD |
| | (1.88) |
| Board | 0.054 |
| | (0.67) |
| Outside | -0.317 |
| | (-1.12) |
| Manshare | -0.789*** |
| | (-9.49) |
| Dual | -0.091*** |
| | (-2.99) |
| PE | 0.000 |
| | (1.12) |
| ROA | 1.038*** |
| | (4.09) |
| Growth | -0.034 |
| | (-1.12) |
| Constant | 1.580*** |
| | (3.45) |
| Year/Ind | YES |
| N | 30 199 |
| $R^2$ | 0.070 |

注：***、**、*分别表示回归系数在1%、5%、10%的水平上显著。

（2）更换被解释变量的衡量指标

为了使研究结果更加稳健可靠，排除实证结果的偶然性，本书将被解释变量企业当年是否设置反收购条款（ATPD）替换成上市公司设置反收购条款的数量（ATPN）。本书将解释变量替换成上市公司章程中14类反收购条款的具体数量，重新进行回归。反收购条款影响因素在OLS模型下，第一大股东持股比例（Top1）对上市公司设置反收购条款的数量的回归系数为-0.469，在1%的水平上显著负相关。公司有无实际控制人（Controller）对反收购条款数量的回归系数为-0.270，在5%的水平上显著为负。资产负债率对反收购条款数量在10%的水平上负相关。两权分离度（Separation）对反收购条款数量的回归系数为0.005，在5%的水平上显著为正。前三高管薪酬（Salary）对反收购条款数量的回归系数为0.038，在1%的水平上显著为正。账面市值比（BM）对反收购条款数量的回归系数为0.132，在5%的水平上显著为正。上述结果均与前文一致。更换被解释变量的回归结果见表3-13。

表3-13 **更换被解释变量的回归结果**

| 变量 | (1) |
|---|---|
| | ATPN |
| Top1 | -0.469*** |
| | (-4.545) |
| Controller | -0.270** |
| | (-2.124) |
| Separation | 0.005** |
| | (2.439) |
| Salary | 0.038*** |
| | (2.601) |
| Lev | -0.127* |
| | (-1.719) |
| BM | 0.132** |
| | (2.122) |
| Size | -0.024 |
| | (-1.565) |
| SOE | -0.033 |

续表

| 变量 | (1) |
| --- | --- |
| | ATPN |
| | (−0.827) |
| Board | −0.005 |
| | (−0.076) |
| Outside | −0.302 |
| | (−1.253) |
| Manshare | −0.330*** |
| | (−4.234) |
| Dual | −0.040 |
| | (−1.472) |
| PE | 0.000 |
| | (0.921) |
| ROA | 0.450*** |
| | (2.825) |
| Growth | −0.012 |
| | (−0.997) |
| Constant | 1.740*** |
| | (4.684) |
| Year/Ind | YES |
| N | 30199 |
| $R^2$ | 0.070 |

注：***、**、*分别表示回归系数在1%、5%、10%水平上显著。

# 第三篇　公司治理篇

# 第4章　反收购条款与企业高管超额在职消费

## 4.1　研究问题的提出

由于法律机制和经理人市场尚不完善，作为高管的一项隐性薪酬激励，在职消费在中国公司中普遍存在（陈冬华等，2010）。党的十八大以来，国有上市公司在职消费问题已经得到了一定控制。本章参考Luo等（2011）的方法，以在职消费与总资产的比值来衡量上市公司在职消费的水平，描述了中国上市公司在职消费的现状。从图4-1中可以直观地发现，2010年以来民营上市公司在职消费问题比国有上市公司更为严重。中国上市公司超额在职消费的特征已经有了很大的转变，因此有必要对民营上市公司在职消费问题进行深入探讨。

在不同的治理环境下制度可能会产生不同的后果（Putnam，1993；杨国超，2020），在薄弱的治理环境中公司章程条款更可能沦为特定利益相关主体谋求私利的工具，而在健全的治理环境中公司章程条款可能更多发挥的是治理作用。因此，只有基于不同章程制定主体和治理环境的视角来考察公司章程的作用，才能化解现有研究中存在的分歧，而中国资本市场恰好提供了一个绝佳的场景。基于此，本章从反收购条款的视角考察公司章程自治性条款对高管自利行为的影响机理。

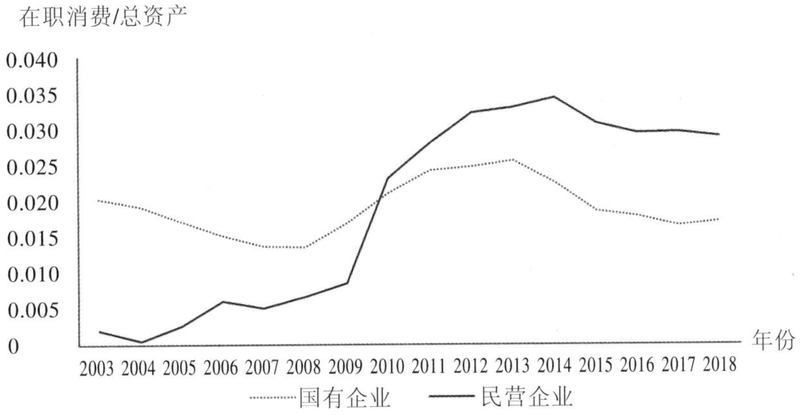


**图 4-1 中国上市公司在职消费现状**

## 4.2 理论分析与研究假设

本章认为，反收购条款可能发挥堑壕效应，主要有以下两方面的原因：一方面，反收购条款削弱了公司控制权市场的治理效应，诱发高管的超额在职消费。作为有效的外部治理机制，公司控制权市场通过解雇的方式来惩治高管的这种自利行为，解决道德风险问题（Jensen，1993）。在控制权市场的约束之下，高管出于职业生涯的考虑会认真履行责任，减少自利行为（Haan和Riyanto，2006）。反收购条款会增加上市公司被收购的难度，削弱控制权市场对高管的惩戒威胁（Bebchuk和Cohen，2005；Giroud和Mueller，2010），进而加剧高管的代理问题。收购方通过控制董事的任命和罢免来实现对上市公司的实际控制，但是反收购条款的存在会增加收购方更换高管的难度。例如，错列董事会条款规定公司每次只能更换一定比例的董事人数。

上述反收购措施增加了“野蛮人”更换公司高管的难度，削弱了控制权市场对高管的治理效应，进而加剧高管通过超额在职消费谋求自利的程度。

另一方面，反收购条款可以削弱公司激励契约的有效性，进而诱发高管超额在职消费。高管自利行为是委托代理关系中不可避免的问题，利益冲突和信息不对称使得高管有动机和能力从事谋求私利的活动（Jensen，1993；吴育辉和吴世农，2010；李延喜和陈克兢，2014）。特别是在缺乏内部治理机制的有效监督时，高管在职消费等私利行为更为严重（Luo等，2011；牟韶红等，2016）。与业绩挂钩的高管薪酬机制和解聘机制可以有效地降低代理成本（Jensen和Meckling，1976；Shleifer和Vishny，1986），对于高管在职消费行为有控制作用。公司章程是为实现公司价值最大化的治理创新和个性化定制的载体（Klausner，2013），是法律法规之外最重要的公司治理规则之一（Gillan，2006）。作为公司章程中的自治性条款，反收购条款会对公司薪酬激励契约产生负面影响。例如，部分反收购条款导致薪酬激励和解职惩罚等治理机制失灵。此时，高管可能更加贪图享乐或者谋求私利（Bertrand和Mullainathan，2003；Giroud和Mueller，2010），进行更多的超额在职消费。

因此，本章提出如下研究假设：

研究假设4-1：上市公司在公司章程中设置反收购条款会诱发高管自利行为。

## 4.3 实证设计

### 4.3.1 数据选择与样本来源

本章以2003—2018年为时间窗口，选取中国沪深两市A股民营上市公司为研究对象。本章剔除ST和*ST公司、金融公司和数据缺失的公司，获得15 513个民营上市公司初始观测样本。本章采用PSM为首次设置反收购条款的公司寻找特征相似的控制组，最终获得7 510个公司年度观测样本。反收购条款来自本书构建的反收购条款数据库，企业层面数据来自CSMAR和CNRDS。

### 4.3.2 变量设计与定义

（1）被解释变量

超额在职消费（Abperk）：参考Luo等（2011）、权小锋等（2010）的研究，将模型（4.1）分行业、分年度回归后的残差作为超额在职消费（Abperk）。

$$\frac{Perk_{it}}{Asset_{i,t-1}} = \alpha_0 + \alpha_1\frac{1}{Asset_{i,t-1}} + \alpha_2\frac{\Delta Sales_{it}}{Asset_{i,t-1}} + \alpha_3\frac{PEE_{it}}{Asset_{i,t-1}} + \alpha_4\frac{Inventory_{it}}{Asset_{i,t-1}} + \alpha_5 Employee_{it} + \varepsilon \quad (4.1)$$

其中，Perk为实际在职消费，具体为管理费用扣除董监高成员薪酬、计提坏账准备、存货跌价准备以及无形资产摊销额之后的金额；Asset为总资产；ΔSales为营业收入变动额；PEE为固定资产净值；Inventory为存货总额；Employee为员工人数自然对数。

（2）解释变量

本章以上市公司是否设置反收购条款（ATPD）作为解释变量，当上市公司设置反收购条款时ATPD赋值为1，否则赋值为0。

（3）控制变量

参考权小锋等（2010）、王化成等（2019）的做法，本章在检验模型中增加了11个变量控制公司层面因素对高管在职消费的影响。同时，本章还控制了行业、年度固定效应，具体变量定义见表4-1。

表4-1 变量定义表

| 变量类型 | 变量名称 | 变量符号 | 变量定义 |
|---|---|---|---|
| 被解释变量 | 超额在职消费 | Abperk | 根据Luo等（2011）、权小锋等（2010）的模型估算 |
| 解释变量 | 反收购条款 | ATPD | 公司章程中设置反收购条款时为1，否则为0 |

续表

| 变量类型 | 变量名称 | 变量符号 | 变量定义 |
|---|---|---|---|
| 控制变量 | 公司规模 | Size | Ln（总资产） |
| | 上市年龄 | Age | Ln（上市年龄+1） |
| | 成长能力 | Growth | 营业收入增长率 |
| | 盈利能力 | ROA | 总资产收益率 |
| | 偿债能力 | Lev | 资产负债率 |
| | 股权集中度 | Top1 | 第一大股东持股比例 |
| | 高管薪酬 | Pay | Ln（前三名高管薪酬） |
| | 高管持股 | MS | 高管持股数/总股数 |
| | 董事会规模 | Dsize | Ln（董事会人数） |
| | 管理层权力 | Power | 根据傅颀等（2014）的方法估算 |
| | 独董比例 | Dir | 独立董事人数/董事会总人数 |
| | 行业 | Ind | 行业哑变量 |
| | 年度 | Year | 年度哑变量 |

### 4.3.3 模型设计

本章设计检验模型（4.2）来分析反收购条款对高管自利行为的影响：

$$Abperk_{it} = \beta_0 + \beta_1 ATPD_{it} + \beta_2 Control_{it} + \varepsilon \tag{4.2}$$

其中，Abperk 为超额在职消费；ATPD 为上市公司反收购条款。本章关心的是反收购条款的回归系数 $\beta_1$，如果回归系数 $\beta_1$ 显著为正，则说明反收购条款会诱发高管自利行为。

另外，设置反收购条款样本组和未设置反收购条款样本组的公司特征可能并不相同，这会导致实验组和控制组的超额在职消费在设置反收购条款之前就存在差异。例如，公司治理薄弱或控制权市场威胁较大的公司往往有着较高的高管超额在职消费，即反收购条款可能是控制权市场威胁和公司治理的内生特征。本章采用倾向得分匹配法（PSM）为设置反收购条款的样本寻找公司治理和控制权市场威胁等特征类似的控制组，以此来排除上述担忧对本书结论的影响。因此，参考Field和Karpoff（2002）、陈玉罡和石芳（2014）、李维安等（2017）的研究，以公司规模、资产负债率、市盈率、第一大股东持股比例、两权分离度、有无实际控制人、高管薪酬、高管持股比例、CEO工作年限、CEO年龄、两职合一、独立董事比例、董事会规模等为协变量，采用PSM中最近邻匹配法进行一对一无放回匹配，最终获得了7 510个公司年度观测样本。

## 4.4 实证结果与分析

### 4.4.1 描述性统计分析

从表4-2的结果可知，高管超额在职消费（Abperk）的均值为-0.003，标准差为0.049，与王化成等（2019）的研究基本一致。是否设置反收购条款（ATPD）的均值为0.289，这说明在本书中有28.9%的样本设置了反收购条款。限于篇幅在此未赘述控制变量的描述性统计结果。

表4-2　　主要变量描述性统计结果

| 变量 | 样本数 | 均值 | 标准差 | 最小值 | P25 | P50 | P75 | 最大值 |
|---|---|---|---|---|---|---|---|---|
| Abperk | 7 510 | -0.003 | 0.049 | -0.217 | -0.021 | 0.000 | 0.021 | 0.110 |
| ATPD | 7 510 | 0.289 | 0.453 | 0.000 | 0.000 | 0.000 | 1.000 | 1.000 |

本章对不同反收购条款样本之间超额在职消费的特征进行了单因素分析。从表4-3中可以发现，设置反收购条款样本组的超额在职消费高于未设置反收购条款样本组，在1%的水平上显著，初步证实了假设4-1。限于篇幅控制变量的组间差异并未详细汇报。

表4-3　　单因素分析结果

| 变量 | 设置反收购条款样本 | 未设置反收购条款样本 | T test |
|---|---|---|---|
| Abperk | 0.000 | -0.005 | 0.005*** |

注：***、**、*分别表示回归系数在1%、5%、10%的水平上显著。

### 4.4.2 相关性检验

表4-4统计了主要变量之间的相关性系数。由表中结果可知，本章主要变量之间的相关系数均远小于0.6，方差膨胀因子均远小于10。同时，反收购条款与超额在职消费的相关系数均显著为正，这也初步证实了本章的假设4-1。

表4-4 Pearson相关性检验结果

| 变量 | Abperk | ATPD | Size | Age | Growth | ROA | Lev | Top1 | Pay | MS | Dsize | Power | Dir |
|---|---|---|---|---|---|---|---|---|---|---|---|---|---|
| Abperk | 1 | | | | | | | | | | | | |
| ATPD | $0.050^{***}$ | 1 | | | | | | | | | | | |
| Size | -0.017 | $0.115^{***}$ | 1 | | | | | | | | | | |
| Age | $-0.130^{***}$ | $0.216^{***}$ | $0.234^{***}$ | 1 | | | | | | | | | |
| Growth | $-0.051^{***}$ | -0.014 | $0.042^{***}$ | $0.022^{*}$ | 1 | | | | | | | | |
| ROA | $0.170^{***}$ | 0.016 | $0.139^{***}$ | $-0.112^{***}$ | $0.176^{***}$ | 1 | | | | | | | |
| Lev | $-0.287^{***}$ | $-0.064^{***}$ | $0.157^{***}$ | $0.285^{***}$ | $0.040^{***}$ | $-0.363^{***}$ | 1 | | | | | | |
| Top1 | $0.068^{***}$ | $-0.099^{***}$ | $0.132^{***}$ | $-0.217^{***}$ | $0.053^{***}$ | $0.141^{***}$ | $-0.020^{*}$ | 1 | | | | | |
| Pay | $0.066^{***}$ | $0.182^{***}$ | $0.602^{***}$ | $0.165^{***}$ | -0.01 | $0.211^{***}$ | $-0.060^{***}$ | 0.012 | 1 | | | | |
| MS | $0.095^{***}$ | -0.01 | $-0.075^{***}$ | $-0.378^{***}$ | -0.004 | $0.089^{***}$ | $-0.213^{***}$ | 0.011 | $0.078^{***}$ | 1 | | | |
| Dsize | 0.011 | $-0.041^{***}$ | $0.145^{***}$ | -0.008 | -0.006 | $0.075^{***}$ | $0.064^{***}$ | -0.004 | $0.087^{***}$ | $-0.109^{***}$ | 1 | | |
| Power | $0.079^{***}$ | -0.008 | $-0.030^{**}$ | $-0.378^{***}$ | -0.015 | $0.071^{***}$ | $-0.224^{***}$ | $-0.200^{***}$ | $0.154^{***}$ | $0.469^{***}$ | $-0.088^{***}$ | 1 | |
| Dir | -0.018 | $0.041^{***}$ | -0.018 | -0.014 | 0.000 | $-0.045^{***}$ | $-0.024^{**}$ | -0.015 | $0.054^{***}$ | $0.153^{***}$ | $-0.562^{***}$ | $0.138^{***}$ | 1 |
| VIF | — | 1.960 | 1.950 | 1.080 | 1.380 | 1.520 | 1.290 | 2.160 | 1.430 | 1.580 | 1.670 | 1.530 | 1.130 |

注：***、**、*分别表示回归系数在1%、5%、10%的水平上显著。

### 4.4.3 回归结果分析

从表4-5中列（1）的回归结果可知，反收购条款与超额在职消费在1%的水平上显著为正，支持了本章的假设4-1。同时，本章还采用反收购条款数量进行了回归，结果显示反收购条款数量的回归系数也显著为负。这意味着，上市公司章程中设置反收购条款会增加高管超额在职消费，促进高管自利行为。该结论表明，反收购条款削弱了控制权市场对高管的惩戒威胁，进而加剧了代理冲突，证实了堑壕效应假说存在于新兴资本市场中（Gormley和Matsa，2016）。另外，本章还采用了全样本进行了重新检验，结果表明反收购条款可以增加高管超额在职消费，进一步验证了本章的假设4-1。限于篇幅在此未赘述控制变量回归结果。

表4-5　　主检验的回归结果

| 变量 | PSM Sample | PSM Sample | Full Sample | Full Sample |
|---|---|---|---|---|
| | (1) | (2) | (3) | (4) |
| ATPD | 0.007*** | | 0.003** | |
| | (3.253) | | (2.185) | |
| ATPN | | 0.007*** | | 0.002*** |
| | | (5.661) | | (3.004) |
| Constant | -0.043 | -0.044 | -0.062** | -0.062** |
| | (-1.258) | (-1.298) | (-2.535) | (-2.551) |
| Control | YES | YES | YES | YES |
| Year/Ind | YES | YES | YES | YES |
| N | 7 510 | 7 510 | 15 513 | 15 513 |
| Adj-$R^2$ | 0.120 | 0.127 | 0.155 | 0.156 |

注：***、**、*分别表示回归系数在1%、5%、10%的水平上显著。

为了进一步证实基于PSM样本回归结果的可靠性，本章还对PSM的匹配效果和平行趋势进行了检验。从图4-2可知，在PSM之后实验组和控制组之间的密度函数基本一致。这表明，实验组和控制组在控制权市场威胁、公司治理等方面并不存在显著差异。

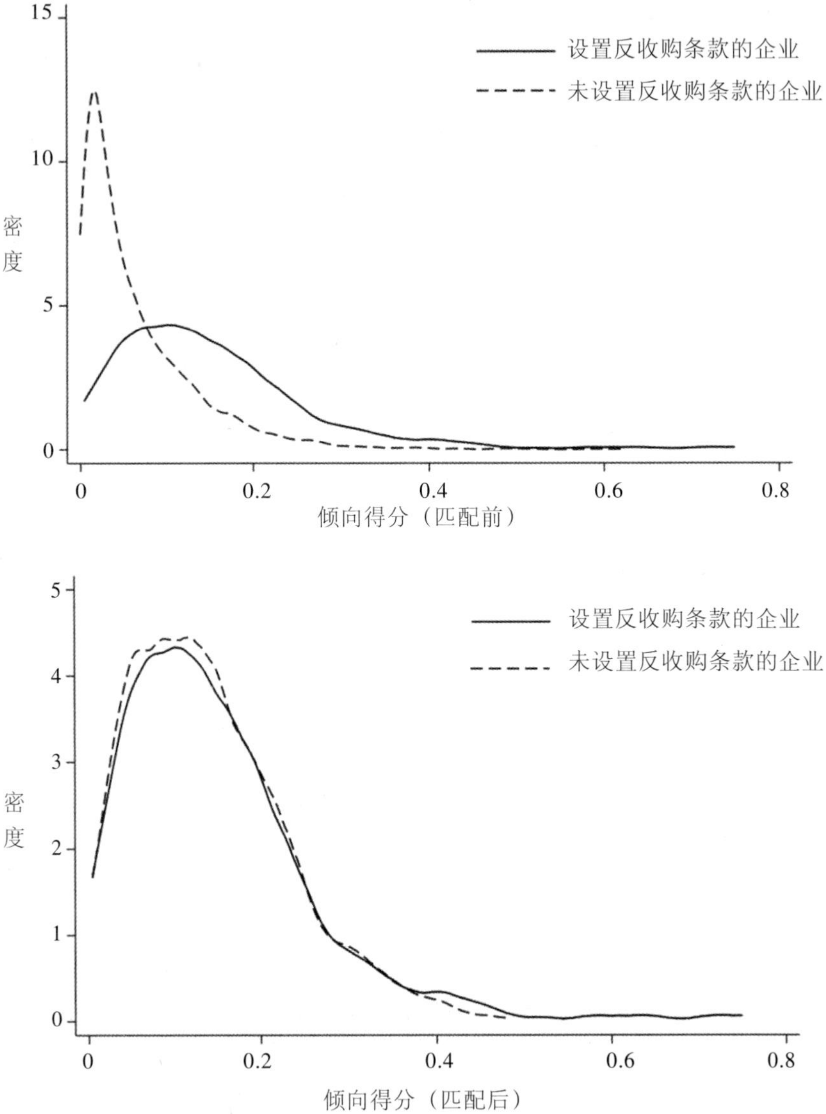


**图4-2 密度函数图**

同时，本章还绘制了平行趋势图。从图4-3中可以直观看出，设置反收购条款的企业和未设置反收购条款的企业的超额在职消费在事前并无显著的差异。但是在设置反收购条款之后，实验组的超额在职消费显著增加，而控制组却没有显著的变化。

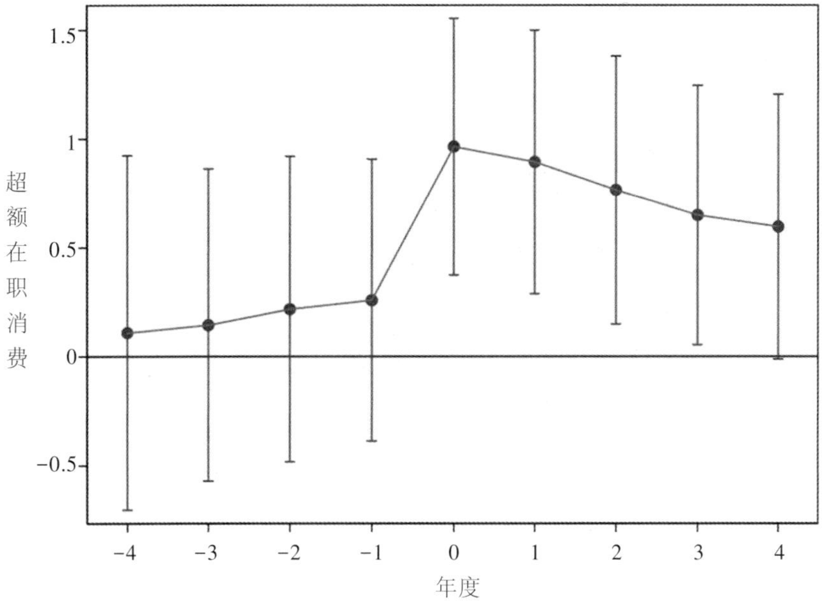


图4-3 平行趋势图

## 4.5 稳健性检验

### 4.5.1 基于监管趋严的外生冲击

“万宝之争”之后，部分上市公司设置的反收购条款存在损害股东合法权利和保护高管私利的嫌疑，证监会、上交所、深交所和投服中心加强了对反收购条款合规性的监管力度。本章基于公司章程监管趋严的外生冲击，以因受到监管而删除反收购条款的上市公司样本为实验组，构建双重差分模型来检验外生冲击对高管超额在职消费的影响。具体检验模型如下：

$$Abperk = \gamma_0 + \gamma_1 Treat + \gamma_2 Treat \times Post + Control + \varepsilon \tag{4.3}$$

其中，Abperk为超额在职消费；Treat是受到监管趋严外生冲击的实验组，当上市公司因被交易所问询或投服中心行权而删除反收购条款时Treat取值为1，否则取值为0；Post是时间虚拟变量，上市公司因监管而删除反收购条款的当年及以后年度Post取值为1，否则取值为0。

从回归结果可知，Treat×Post的回归系数显著为负，这说明监管趋严的外生冲击对高管超额在职消费产生显著的治理效应，进而支持了本章的假设4-1。限于篇幅未赘述稳健性检验回归结果。

### 4.5.2 工具变量法

借鉴Johnson等（2015）的方法，本章以上市公司聘请的律师事务所是否具有并购专长（LawFirm）作为反收购条款的工具变量。律师事务所对上市公司反收购条款设置有着重要的影响，不同律师事务所对反收购条款设置有着不同的倾向（Coates，2001）。相对于具有并购专长的律师事务所而言，没有并购专长的律师事务所往往会建议上市公司在章程中设置更多的反收购条款（Johnson等，2015）。另外，上市公司是否聘请具有并购专长的律师事务所与高管超额在职消费并没有直接联系。因此，律师事务所并购专长是一个较为合适的工具变量。

本章以全联并购公会评选的“最佳并购律师奖”或“最佳并购法律服务奖”来判断律师事务所并购专长[①]，如果律师事务所曾获得上述奖项，LawFirm赋值为1，否则赋值为0。工具变量的回归结果与前文完全一致，这表明在控制内生性问题后反收购条款依然会诱发高管的超额在职消费。Cragg-Donald Wald F统计量为17.029，拒绝了存在弱工具变量的原假设；Kleibergen-Paap rk Wald F值为18.110，在1%的水平上拒绝了识别不足的原假设。整体而言，采用工具变量法之后研究假设4-1依然成立。

### 4.5.3 熵平衡法

Hainmueller（2012）提出的熵平衡法（Entropy Balancing）在会计领域逐渐兴起，越来越多的实证研究采用熵平衡法来辅助因果推断。与倾向得分匹配法通过计算倾向得分来寻找控制组的思路不同，熵平衡法

① 全联并购公会是经国务院批准、由民政部批复成立的全国工商联直属的非营利民间行业协会，在规范并购行业发展、促进产业资本和金融资本的深度结合等方面发挥了巨大的作用。全联并购公会通过举办“中国并购专项奖”评选活动，表彰在并购领域表现突出的律师和律师事务所。另外，本章还找到了中华全国律师协会评选的“全国优秀律师事务所”获奖名单，但是由于无法识别该律师事务获奖缘由，因此并未将其作为工具变量进行检验。

匹配是以约束条件下的最优化解为思路，为每一个控制组观察样本赋予一个连续性权重，从而实现实验组和控制组在协变量分布矩的相似①。借鉴杨国超和芮萌（2020）、Madsen和Mcmullin（2021）的类似研究，本章采用熵平衡法来解决样本选择性偏差问题。本章还对熵平衡法的匹配效果进行分析，在未匹配之前不同样本组之间的公司特征在一阶矩条件（均值）、二阶矩条件（方差）、三阶矩条件（偏度）方面均存在差异，而在采用熵平衡法之后样本组之间的特征基本一致。从回归结果可知，反收购条款的回归系数依然显著为正，进一步证实了本章结论的可靠性。

### 4.5.4 评估不可观测因素可能带来的偏误

本章的结论还存在一种替代性解释：公司治理薄弱和受到控制权市场威胁大的公司往往更容易设置反收购条款，同时此类公司的高管超额在职消费水平也较高。虽然本章已经尽可能控制了股权集中度、高管持股、董事会规模、高管权力、独董比例等可观测因素，但是主检验的结论依然可能受到其他公司治理和控制权市场威胁因素或其他不可观测因素的影响。本章参考Altonji等（2005）、Nunn和Wantchekon（2011）的方法，设计两个不同控制集合的回归。第一个回归仅加入受约束控制变量，回归的估计系数记为$\beta^R$；第二个回归加入所有控制变量，回归的估计系数记为$\beta^F$。在此基础上，以$|\beta^F/(\beta^R-\beta^F)|$来计算比率值Ratio。Ratio大于1表明所需不可观测因素是可观测因素的1倍以上，此时回归结果不会受到不可观测因素的影响（Altonji等，2005；Nunn和Wantchekon，2011）。

本章的受约束控制变量组，一组不加入任何控制变量，另一组则加入了公司基本特征变量（公司规模、上市年龄、成长能力、盈利能力、偿债能力）；全控制变量组中，一组加入了基准模型中的控制变量，另一组则在此基础上增加了可能遗漏的公司治理和控制权市场威胁变量

① 熵平衡法的优点在于：第一，可以保证实验组和控制组在协变量高阶矩（Higher-order Moments）上分布的相近性，而传统的PSM方法并不能确保这个效果；第二，熵平衡匹配过程中主观设定的参数只有迭代算法结果的宽容度（Tolerance Level），这可以有效规避PSM过程中众多主观设定细节的弊端。

（G指数、第一类代理成本、公司违规、信息透明度、市盈率、有无实际控制人）。从表4-6中的结果可知，四种情形的Ratio值均大于1，平均值为3.922。换言之，只有在遗漏不可观测因素至少是已经控制的可观测因素3.9倍时，遗漏不可观测因素才能对回归结果产生严重偏误。本章已经控制了11个控制变量，显然反收购条款的回归系数不可能受到数量如此之多的不可观测因素影响。由此可知，即使存在不可观测的公司治理、控制权市场威胁等因素，这些因素也不能对研究的结论产生实质性的影响。

表4-6 **估算不可观测因素的影响效应**

| 情形 | 受约束控制组 | 全控制变量组 | Ratio |
|---|---|---|---|
| 情形一 | 不加控制变量 | 加入基准回归模型中的所有控制变量 | 3.932 |
| 情形二 | 不加控制变量 | 加入基准回归模型中的所有控制变量、G指数、第一类代理成本、公司违规、信息透明度、市盈率、有无实际控制人 | 5.208 |
| 情形三 | 加入公司规模、上市年龄、成长能力、盈利能力、偿债能力 | 加入基准回归模型中的所有控制变量 | 2.979 |
| 情形四 | 加入公司规模、上市年龄、成长能力、盈利能力、偿债能力 | 加入基准回归模型中的所有控制变量、G指数、第一类代理成本、公司违规、信息透明度、市盈率、有无实际控制人 | 3.570 |

注：G指数参考白重恩等（2005）的方法计量；第一类代理成本为总资产周转率；信息透明度为近三年可操纵性应计盈余绝对值的总和。

### 4.5.5 更换变量

一方面，更换因变量。本章以陈冬华等（2005）提出的八项费用之和来衡量在职消费（Perk），重新计算超额在职消费（Abperk_C）；同时，借鉴翟胜宝等（2015）的方法，重新计量了超额在职消费的代理变量（Abperk_Z）。另一方面，更换自变量。本章以陈玉罡和石芳（2014）提出的六类反收购条款作为研究对象，重新设置是否设置反收购条款的代理变量（ATPD_Chen）。从回归结果可知，在更换变量计量方法之后的研究结论依然支持本章的研究假设4-1。

## 4.6 作用机制分析

从前文的理论分析中可知，反收购条款可以通过削弱公司控制权市场治理效应和公司激励契约有效性等路径为高管自利行为提供庇护，本章对上述作用机制进行了验证。

### 4.6.1 公司控制权市场

反收购条款会削弱控制权市场对高管的惩戒威胁（Bebchuk和Cohen，2005；Giroud和Mueller，2010），进而加剧股东和高管之间的代理问题，诱发高管在职消费行为。本章设计如下检验模型：

$$\text{Takeover\_Dummy/Takeover\_Success} = \varphi_0 + \varphi_1 \text{ATPD} + \text{Control} + \varepsilon \tag{4.4}$$

其中，Takeover_Dummy为公司是否被收购，当公司当年遭遇收购时为1，否则为0；Takeover_Success为公司是否被成功收购，当公司被成功并购时为1，否则为0。

基于控制权市场的作用机制分析结果见表4-7。从回归结果可知，反收购条款与公司是否被并购的回归系数在1%的水平上显著为负，这说明设置反收购条款的公司沦为收购对象的可能性更低；反收购条款与公司是否被成功收购的回归系数也在1%的水平上显著为负。这意味着，在遭遇收购的情况下设置反收购条款的公司被成功收购的可能性更低。整体可知，反收购条款降低了公司控制权市场的威胁，进而削弱了公司控制权市场对高管在职消费的治理效应。限于篇幅在此未赘述控制变量回归结果。

表4-7 基于控制权市场的作用机制分析结果

| 变量 | Takeover_Dummy | Takeover_Success |
|---|---|---|
| | (1) | (2) |
| ATPD | $-0.238^{***}$ | $-0.220^{***}$ |
| | (−2.934) | (−2.695) |
| Constant | $-3.607^{***}$ | −0.327 |
| | (−3.295) | (−0.306) |
| Control | YES | YES |
| Year/Ind | YES | YES |
| N | 7 510 | 4 244 |
| Adj-$R^2$ | 0.182 | 0.056 |

注：***、**、*分别表示回归系数在1%、5%、10%的水平上显著。

### 4.6.2 公司激励契约

薪酬机制和解聘机制可以较好地反映公司内部治理机制对高管的约束作用（Jensen 和 Meckling，1976；Fama，1980；Shleifer 和 Vishny，1986）。本章从公司激励契约视角出发考察反收购条款对高管自利行为的作用机制，具体的检验模型如下：

$$Turnover/Pay = \xi_0 + \xi_1 ROA + \xi_2 ROA \times ATPD + \xi_3 ATPD + Control + \varepsilon \tag{4.5}$$

其中，Turnover为高管非自愿变更，当CEO或董事长发生非自愿变更时Turnover为1，否则Turnover为0；Pay为高管薪酬，参考唐雪松等（2019）的做法，Pay为薪酬最高的前三位高管薪酬总额的自然对数。同时，ROA为公司业绩，采用总资产收益率衡量。

从回归结果可知，公司业绩和是否设置反收购条款的交乘项（ROA×ATPD）与高管非自愿变更（Turnover）的回归系数显著为正，交乘项（ROA×ATPD）和高管薪酬（Pay）的回归系数显著为负。由此可知，反收购条款会降低高管变更业绩敏感性和薪酬业绩敏感性，削弱薪酬契约的有效性。

按照上述逻辑，对于存在类似在职消费现象的公司，设置反收购条款的公司高管被更换的可能性更低。本章设置如下检验模型：

$$Turnover = \zeta_0 + \zeta_1 ATPD + \zeta_2 ATPD \times Abperk + \zeta_3 Abperk + Control + \varepsilon \quad (4.6)$$

其中，Turnover为高管非自愿变更；Abperk为高管超额在职消费。

基于激励契约的作用机制分析结果见表4-8。从回归结果可知，是否设置反收购条款与超额在职消费的交乘项（ATPD×Abperk）的回归系数在1%的水平上显著为负。这表明，反收购条款可以降低高管因为在职消费而被强制更换的可能性，进一步验证了本章的理论逻辑。限于篇幅在此未赘述控制变量回归结果。

表4-8　　　　基于激励契约的作用机制分析结果

| 变量 | Turnover | Pay | Turnover |
|---|---|---|---|
| | (1) | (2) | (3) |
| ROA | -2.982*** | 1.749*** | |
| | (-5.647) | (8.360) | |
| ROA×ATPD | 3.601*** | -0.701** | |
| | (3.755) | (-1.982) | |
| ATPD | -0.083 | 0.033 | -0.013 |
| | (-0.937) | (0.871) | (-0.131) |
| ATPD×Abperk | | | -5.467*** |
| | | | (-3.010) |
| Abperk | | | 2.292*** |
| | | | (2.743) |
| Constant | 1.839* | 4.940*** | 2.916*** |
| | (1.838) | (10.845) | (2.716) |
| Control | YES | YES | YES |
| Year/Ind | YES | YES | YES |
| N | 7 510 | 7 510 | 7 510 |
| $Adj\text{-}R^2$ | 0.068 | 0.534 | 0.066 |

注：***、**、*分别表示回归系数在1%、5%、10%的水平上显著。

## 4.7 异质性分析

### 4.7.1 反收购条款的类型

公司章程中反收购条款的种类繁多，不同反收购条款发挥的效应可能存在一定的差异。本章主要从两个方面进行检验：第一，基于条款的反收购效应。借鉴陈玉罡和石芳（2014）的方法，本章将绝对多数条款（AM）、错列董事会（SB）、限制董事任职资格（DNQL）、限制董事提名权（DNTS）、董事资格审查（BQE）等视为反收购效应较强的条款，其他的则为反收购效应较弱的条款，分别设置了强反收购效应条款（SATPD）和弱反收购效应条款（WATPD）等变量。从表4-9中的列（1）可知，强反收购条款对高管超额在职消费的影响更为显著。第二，基于条款的防御环节。按照Ryngaer和Scholten（2010）的分类方法，本章将明确反收购（CAT）、法律诉讼（LP）、白衣骑士（WK）、帕克曼式防御（PD）和股权结构调整（ESA）界定为事中防御条款，将其他几种界定为事前防御条款，分别设置了事前防御条款（BATPD）和事中防御条款（IATPD）等变量。表中列（2）的结果显示，事前防御条款（BATPD）数量的回归系数显著为正，而事中防御条款（IATPD）数量并不显著。公司控制权之争往往体现在董事会席位之争上，收购方通过控制董事的任命和罢免来实现对上市公司的实际控制[①]。如果被收购上市公司在公司章程中设置了与董事任免相关的反收购条款，这将极大地提高外部投资者的收购意愿和难度（陈玉罡和石芳，2014），所以此类反收购条款发挥的作用应该更大。本章采用两种分类方式的实证结果均显示，与董事任免相关的反收购条款的效应更为显

---

① 在现实中收购方还可以通过股权层面来控制上市公司，但是这种方式并不多见。主要原因如下：《公司法》规定表决权超过50%为相对控制，表决权超过2/3则为绝对控制。绝大部分的收购方往往不会通过股权层面来控制公司，因为收购方大多采用的是“蛇吞象”式收购，几乎看不到收购方收购上市公司50%以上股份的案例。另外，按照《证券法》和《上市公司收购管理办法》的相关规定，收购人拟收购上市公司股份超出30%，须改为要约方式进行收购；要约价格不得低于要约收购提示性公告日前6个月内收购人取得该种股票所支付的最高价格。由于审批环节众多、操作程序繁杂、收购成本较高等的影响，要约收购在中国资本市场中并不常见。由此可知，收购方很少通过股权层面来控制上市公司。

著①，验证了前文的推断。限于篇幅在此未赘述控制变量回归结果。

表4-9　　基于反收购条款差异的回归结果

| 变量 | 反收购效应 | 防御环节 |
|---|---|---|
| | (1) | (2) |
| SATPD | 0.007*** | |
| | (3.106) | |
| WATPD | 0.005 | |
| | (1.452) | |
| BATPD | | 0.007*** |
| | | (3.350) |
| IATPD | | 0.010 |
| | | (0.655) |
| Constant | -0.039 | -0.040 |
| | (-1.141) | (-1.151) |
| Control | YES | YES |
| Year/Ind | YES | YES |
| N | 7 510 | 7 510 |
| Adj-$R^2$ | 0.120 | 0.121 |

注：***、**、*分别表示回归系数在1%、5%、10%的水平上显著。

### 4.7.2　条款制定主体

公司章程条款更多体现的是制定主体的利益诉求，不同主体主导制定的反收购条款发挥的作用截然不同。在股权集中的公司中，自治性公司章程条款制定的主导权掌握在控股股东手中。控股股东可以通过设置反收购条款来维护自身利益，在确保控制权稳定的同时还可以治理管理

① 除此之外，本书还分别检验了14种反收购条款的效应。结果显示，绝对多数条款（AM）、错列董事会（SB）、限制董事任职资格（DNQL）、限制董事提名权（DNTS）、董事资格审查（BQE）和限制股东提案权（GMP）、限制股东召集和主持股东大会（RCSM）以及金色降落伞（GP）的回归系数均显著为正，验证了本书的推断。

层的盘剥行为（Klapper和Love，2004；Klausner，2013）。而在股权分散的公司中，高管对自治性章程条款的制定有着绝对的主导权，此时高管会利用反收购条款来谋求私利（Bebchuk，1989）。按照股权集中度（第一大股东持股比例）的年度中位数和有无实际控制人，本章将样本分为控股股东主导型和高管主导型两个样本组。表4-10列（1）至列（2）的结果表明，在控股股东主导型的样本中，反收购条款并不能显著促进高管超额在职消费。而在高管主导型的样本中，反收购条款对高管超额在职消费却有显著的正向影响。Wald检验的结果显示，组间系数差异在1%水平上显著。这表明，相对于控股股东主导制定的反收购条款而言，高管主导制定的反收购条款更容易诱发在职消费。同时，列（3）和列（4）的回归结果也支持上述论断。限于篇幅在此未赘述控制变量回归结果。

表4-10　　**基于条款制定主体的异质性分析结果**

| 变量 | 控股股东主导型 | 高管主导型 | 控股股东主导型 | 高管主导型 |
|---|---|---|---|---|
| | 股权集中度高 | 股权集中度低 | 有实际控制人 | 无实际控制人 |
| | （1） | （2） | （3） | （4） |
| ATPD | 0.002 | $0.011^{***}$ | 0.003 | $0.042^{***}$ |
| | （0.946） | （3.283） | （1.371） | （5.194） |
| Constant | $0.071^{**}$ | $-0.123^{**}$ | 0.027 | $-0.306^{***}$ |
| | （2.013） | （-2.312） | （0.749） | （-4.391） |
| Control | YES | YES | YES | YES |
| Year/Ind | YES | YES | YES | YES |
| N | 3 751 | 3 759 | 6 252 | 1 258 |
| Adj-$R^2$ | 0.106 | 0.158 | 0.127 | 0.281 |
| Wald Test | $0.000^{***}$ | | $0.000^{***}$ | |

注：***、**、*分别表示回归系数在1%、5%、10%的水平上显著。

需要说明的是，该结论还有一种替代性的解释：设置反收购条款的公司往往受到控制权市场的威胁较大（更容易成为被收购目标），而这些公司的超额在职消费也比较严重。此时，反收购条款很可能是控制权市场威胁较大公司的内生特征。为了排除这种替代性解释，本章检验了在不同控制权市场威胁样本之间反收购条款设置情况的差异。从表4-11的结果可知，不同控制权市场威胁样本组之间的反收购条款设置情况并未有显著的差异，这表明反收购条款对高管超额在职消费的影响并非控制权市场威胁所致，上述替代性解释并不成立。

表4-11　不同控制权市场威胁下反收购条款设置的差异分析

| 变量 | 股权集中度高 | 股权集中度低 | 有实际控制人 | 无实际控制人 |
| --- | --- | --- | --- | --- |
| ATPD | 0.281 | 0.298 | 0.291 | 0.283 |
| 组间差异 | -0.017 | | 0.008 | |
| p值 | 0.111 | | 0.586 | |
| t值 | -1.595 | | 0.545 | |

### 4.7.3　治理环境

高管超额在职消费是一个典型的公司治理问题，在公司治理水平较差的上市公司中高管超额在职消费往往更为严重（褚剑和方军雄，2016）。公司控制权市场的存在使得不良管理者面临持续性的外部威胁，这有助于降低高管的道德风险（Manne，1965；Fama，1980），而反收购条款则会削弱控制权市场的治理作用。高管往往都是自利的（吴育辉和吴世农，2010），尤其是在公司治理薄弱的情况下的表现更为突出。据此可以推断，在公司治理薄弱的上市公司中反收购条款对高管超额在职消费的庇护作用更为显著。本章借鉴吴育辉和吴世农（2010）、白重恩等（2005）的做法，以总资产周转率作为衡量第一类代理成本的变量，以G指数来衡量公司整体治理水平。其中，总资产周转率越低则表明由于高管代理问题而导致的效率损失越大，G指数越大表明公司治理越好。本章按照公司治理变量的年度中位数进行了分组，具体结果见表4-12。从列（1）至列（4）的结果可知，在第一类委托代理成本高和G指数低的样本中，反收购条款对高管超额在职消费的影响更为显著，并且分组检验结果的组间系数差异均显著。这说明，在公司治理较差的上市公司中反收购条款对高管超额在职消费的影响更为显著。限于篇幅在此未赘述控制变量回归结果。

表4-12 基于公司治理的异质性分析结果

| 变量 | 第一类委托代理成本 | | G指数 | |
|---|---|---|---|---|
| | 高 | 低 | 高 | 低 |
| | (1) | (2) | (3) | (4) |
| ATPD | 0.012*** | 0.002 | 0.002 | 0.012*** |
| | (3.811) | (0.679) | (0.762) | (3.510) |
| Constant | -0.093** | 0.028 | 0.085** | -0.116** |
| | (-2.109) | (0.678) | (2.153) | (-2.262) |
| Control | YES | YES | YES | YES |
| Year/Ind | YES | YES | YES | YES |
| N | 3 751 | 3 759 | 3 751 | 3 759 |
| Adj-$R^2$ | 0.130 | 0.126 | 0.111 | 0.153 |
| Wald Test | 0.000*** | | 0.000*** | |

注：***、**、*分别表示回归系数在1%、5%、10%的水平上显著。

上述结论可能存在一种替代性解释：公司治理薄弱的公司更倾向于设置反收购条款，同时此类公司的高管超额在职消费也更为严重，即薄弱的公司治理机制导致了高管超额在职消费，而非反收购条款。从表4-13的检验结果可知，在不同公司治理水平的样本中公司设置反收购条款没有显著性差异，这表明公司治理薄弱对研究结论的替代性解释并不成立。

表4-13 不同公司治理水平下反收购条款设置的差异分析

| 变量 | 第一类代理成本高 | 第一类代理成本低 | G指数高 | G指数低 |
|---|---|---|---|---|
| ATPD | 0.297 | 0.282 | 0.285 | 0.294 |
| 组间差异 | 0.015 | | -0.009 | |
| p值 | 0.149 | | 0.164 | |
| t值 | 1.442 | | -1.392 | |

上市公司所在地的法治环境会影响公司治理水平（La Porta等，2000；Bushman等，2004）。已经有文献证实了在法治水平较高、监管严格的地区，公司的代理问题更为严重（陈冬华等，2010；郝颖等，2018）。因此，按照前文的逻辑可以推断，在法治环境薄弱的上市公司中，反收购条款对于高管超额在职消费的作用更为显著。参考王小鲁等（2019）的数据，本章按照法治环境的年度中位数进行了分组检验。通过表4-14的结果可知，在法治环境薄弱的样本中，反收购条款的作用更为显著，组间系数差异均显著。限于篇幅在此未赘述控制变量回归结果。

表4-14　**基于法治环境的异质性分析结果**

| 变量 | 律师、会计师等市场中介组织服务条件 | | 维护市场的法治环境 | |
|---|---|---|---|---|
| | 高 | 低 | 高 | 低 |
| | （1） | （2） | （3） | （4） |
| ATPD | 0.003 | 0.010*** | 0.002 | 0.011*** |
| | （1.006） | （3.543） | （0.847） | （3.468） |
| Constant | −0.016 | −0.059 | 0.022 | −0.045 |
| | （−0.348） | （−1.250） | （0.511） | （−1.103） |
| Control | YES | YES | YES | YES |
| Year/Ind | YES | YES | YES | YES |
| N | 3 527 | 3 983 | 3 312 | 4 198 |
| Adj-$R^2$ | 0.099 | 0.146 | 0.088 | 0.152 |
| Wald Test | 0.000*** | | 0.000*** | |

注：***、**、*分别表示回归系数在1%、5%、10%的水平上显著。

# 第 5 章　反收购条款与企业高管短视

## 5.1　研究问题的提出

现有研究中，针对反收购条款与管理层关系的研究主要聚焦于管理层的背景特征、行为决策等方面（葛永波等，2016；马永强等，2019；陈欣等，2021），而管理层的心理特征及变化鲜有学者关注。管理层短视行为会对公司造成负面影响，且在当前的委托代理架构中难以消除，因而值得关注。基于此，本章将探讨公司章程中反收购条款的设置究竟会对管理层的视域产生怎样的影响。

## 5.2　理论分析与研究假设

本章提出两种对立的假设：第一种假设，上市公司设置反收购条款会诱发管理层的短视行为；第二种假设，上市公司设置反收购条款会抑制管理层的短视行为。具体的理论分析如下：

(1) 反收购条款诱发管理层的短视行为

控制权市场理论认为，资本市场中不断发生的收购与重组这类争夺企业控制权的活动，会对管理层造成一定的威胁和冲击，管理层为摆脱被取代的厄运将会以公司利益为工作目标，努力为公司创造价值。因而控制权市场带来的威胁对管理层的行为有明显的监督和约束作用，这弥补了由于委托代理冲突而导致的公司内部治理机制失效的缺陷（Haan等，2006）。根据“管理壕沟”假设，反收购条款为管理层加上了一层保护罩，降低了管理层被惩戒的可能性，管理层的地位得以显著巩固和加强（Manne，1965），可能引发管理层的一些不当举措，对公司产生不利影响。设置反收购条款巩固管理层地位后，公司很可能出现明显的“内部人控制”问题，具体体现在以下两个方面。

第一，管理层可能会违背忠诚义务，从事谋求私利的活动。当反收购条款一定程度上隔绝了控制权市场的监督和威胁的时候，管理层倾向于为个人私利而扭曲公司的经营决策，其私利动机和寻租行为加深，企业的代理冲突增加（Deangelo等，1983）。管理层将会追求更高的在职消费、更丰厚的报酬、更好的声誉名望、建设个人帝国等，因此他们会更关注短期内就可取得较多收益成效的项目，从中牟取私利而不顾公司的长远利益，放弃可以真正为公司带来巨大价值的长期项目。反收购条款令管理层以损害公司长期利益为代价赚取短期的私人收益（Johnson和Rao，2010），这进一步助长了管理层的短视行为。

第二，管理层可能违背勤勉义务，工作表现出明显的懈怠。反收购条款可以降低管理层被替换的概率，因此高管倾向于享受当下的“安逸生活”。一方面，管理层的道德风险会增加，努力程度会下降。反收购条款设置之后的安逸生活会导致管理者的雄心壮志减退，工作积极程度消减（Frattaroli，2020）。因而，管理层不愿投入时间和精力去琢磨如何才能让公司可持续地长远发展，而更多采取短视行为致力于提升短期业绩。Atanassov（2013）就发现了没有外在压力的管理者努力程度会下降。另一方面，管理层会采取过于保守的经营策略。能为公司创造长期价值的项目通常历时长、风险大，一旦失败将会直接对管理层的职位造成不利冲击。因此管理层不会拿现已稳固的职位冒风险，而会规避长期性活动。因此，本章提出如下假设：

研究假设5-1：上市公司设置反收购条款会诱发管理层的短视行为。

（2）反收购条款抑制管理层的短视行为

首先，根据市场压力假说，当公司面临资本市场中敌意收购的威胁时，管理层背负着沉重的业绩压力和被更换的风险。来自外界的威胁使得管理者无暇思考公司的长治久安，很可能进行一些短视行为（Stein，1988），从而提高公司被收购的难度、降低被收购的可能性，保护自身不被取代。在公司章程中设置反收购条款，能够在一定程度上对抗来自资本市场的恶意收购，保护公司不被轻易入侵，并维护了管理层的地位（Manne，1965）。根据股东福利假说，管理层以维护股东利益为第一要务，当外部环境的威胁消失时，管理层会撇掉后患无穷的短视行为，重新专注于公司的长期价值创造（Chemmanur和Tian，2018）。历时短、见效快的短期项目只是权宜之计，会有损公司的未来发展。公司的业绩压力减弱，管理层的职位得以保全巩固，这都赋予了管理层关注公司长期发展的机会和精力（Daines等，2021），促使管理层重新聚焦股东利益，努力为公司创造长期价值，从而会增加长期行为，减少短视行为。因此，反收购条款会抑制管理层的短视行为。

其次，反收购条款的设置有利于将管理层的利益和股东利益联系统一起来，激励管理者投入更多技能、更加努力工作。管理层为公司获取长期价值和利益的同时，也为自身获得了持续利益。一方面是物质利益，或是来源于薪酬契约，或是来源于股权激励；另一方面是无形的利益，比如声誉、形象、人脉资源等。Drobetz和Momtaz（2020）也曾发现反收购条款可以引导管理人员更多地参与创造价值的创新投资和长期投资。因此，公司章程中设置反收购条款且条款数量越多时，管理层利益与公司利益的捆绑就越紧密，此时管理层短视行为也越少。因此，本章提出如下假设：

研究假设5-2：上市公司设置反收购条款会抑制管理层的短视行为。

## 5.3 实证设计

### 5.3.1 数据选择与样本来源

本章以2007—2020年中国A股上市公司为研究对象，共获得31 225个观测样本。管理层短视数据从WinGo财经文本数据平台获得，以胡楠等（2021）的研究为基础继续补充短视词集，并通过WinGo的子库“管理者讨论与分析”中的词频统计功能实现数据统计。反收购条款来自本书构建的反收购条款数据库，企业层面数据来自CSMAR和CNRDS。

### 5.3.2 变量设计与定义

（1）被解释变量

本章基于对管理者讨论与分析（简称MD&A）部分的文本分析来计量管理层的短视主义。依据社会心理学，语言可以反映人的认知和偏好。上市公司年报中披露的管理者讨论与分析是管理者对报告期内企业经营状况的回顾和对未来经营发展的展望，因而MD&A可以用于挖掘管理者的真实认知（Loughran和McDonald，2011；蒋艳辉和冯楚建，2014；Cho和Muslu，2021；罗勇根等，2021），结果更为真实可靠。

首先，参考Brochet等（2015）和胡楠等（2021）已公开的“短视视域”词集，利用WinGo财经文本数据平台的深度学习相似词功能，寻找已有短视词汇的相似词，取相似度和MD&A中出现频次均较高的相似词作为现有词集的补充。其次，利用WinGo的词频统计功能，在其子库“管理者讨论与分析（全文）”中统计各短视词汇在MD&A部分出现的频次，将其加总，并计算短视词汇总词频占MD&A总词频的比例，乘以100后即为管理层短视主义指标，即管理层短视主义=短视词汇总词频/MD&A总词频×100。该指标值越大，表明管理层的短视程度越高。本章计量管理层短视主义依据的“短视视域”词集见表5-1。

表5-1 管理层短视主义指标词集

| 分类 | 来源 | 词集 | 词汇数 |
| --- | --- | --- | --- |
| 直接表示 | Brochet等（2015）、胡楠等（2021） | 天内、数月、年内、尽快、立刻、马上、日内、数天、随即、即刻、在即、最晚、最迟 | 13 |
| | WinGo补充 | 立即、当日、一段时间、年底、尽早、早日、及早、就要、随后、自从、即将、刚刚 | 12 |
| 间接表示 | Brochet等（2015）、胡楠等（2021） | 契机、之际、压力、考验、关头、恰逢、来临之际、前夕、适逢、遇上、正逢、之时、难度、困境、严峻考验、双重压力、通胀压力 | 17 |
| | WinGo补充 | 机遇、机会、冲击、困难、挑战、严峻形势、威胁、关键时刻、到来之际、临近、伊始、技术难度、复杂程度、复杂性、艰难、低谷、环境压力 | 17 |

（2）解释变量

本章以上市公司是否设置反收购条款（ATPD）作为解释变量，当上市公司设置反收购条款时ATPD赋值为1，否则赋值为0。同时，本章还以反收购条款的数量（ATP）作为本章的解释变量。

（3）控制变量

参考已有文献（钟宇翔等，2017；杨道广等，2020）选取以下控制变量：企业规模（Size）、财务杠杆（Lev）、净资产收益率（ROE）、产权性质（SOE）、股权集中度（Top1）、企业年龄（Age）、成长能力（Growth）、两职合一（Dual）、现金持有（Cash）、董事会规模（Board）、机构投资者持股比例（InHolder）、分析师关注度（Analyst）、无形资产比率（ITA）、行业（Ind）和年度（Year）。在稳健性检验中，本章还新加入控制变量：管理层持股比例（Grate）和管理层薪酬（Gpay）。具体变量定义见表5-2。

表5-2 **变量定义表**

| 变量类型 | 变量名称 | 变量符号 | 变量解释 |
|---|---|---|---|
| 被解释变量 | 管理层短视主义 | Myopia | 短视词汇总词频/MD&A总词频×100。该指标值越大，管理层短视越严重 |
| 解释变量 | 是否设置反收购条款 | ATPD | 设置了反收购条款时取1，否则取0 |
| | 反收购条款数量 | ATP | 反收购条款的数量 |
| 控制变量 | 企业规模 | Size | 总资产的自然对数 |
| | 财务杠杆 | Lev | 资产负债率 |
| | 净资产收益率 | ROE | 当年净利润/平均净资产 |
| | 产权性质 | SOE | 公司为国有企业时取1，否则取0 |
| | 股权集中度 | Top1 | 第一大股东持股比例 |
| | 企业年龄 | Age | 企业成立时间长度的自然对数 |
| | 成长能力 | Growth | 营业收入增长率 |
| | 两职合一 | Dual | 董事长和总经理相同时取1，否则取0 |
| | 现金持有 | Cash | 货币资金/总资产 |
| | 董事会规模 | Board | 董事会人数的自然对数 |
| | 机构投资者持股比例 | InHolder | 机构投资者持股比例 |
| | 分析师关注度 | Analyst | 分析师跟踪人数加1后取自然对数 |
| | 无形资产比率 | ITA | 无形资产/总资产 |
| | 管理层持股比例 | Grate | 管理者持股份数/总股数 |
| | 管理层薪酬 | Gpay | 公司前三名高管薪酬总额的自然对数 |
| | 行业 | Ind | 行业控制变量 |
| | 年度 | Year | 年度控制变量 |

### 5.3.3 模型设计

本章设计检验模型（5.1）和检验模型（5.2）来研究反收购条款对管理者短视行为的影响。具体如下：

$$Myopia_{i,t} = \alpha_0 + \alpha_1 ATPD_{i,t} + \alpha_2 Control + \sum Year + \sum Industry + \varepsilon \tag{5.1}$$

$$Myopia_{i,t} = \beta_0 + \beta_1 ATP_{i,t} + \beta_2 Control + \sum Year + \sum Industry + \varepsilon \tag{5.2}$$

其中，Myopia为公司管理层的短视行为。ATPD是哑变量，当上市公司在公司章程中设置了反收购条款时取1，否则取0；ATP为公司设置的反收购条款数量。Control是控制变量，其中包含的具体变量与前文一致。如果反收购条款的回归系数显著为正，说明设置反收购条款且其数量增多会诱发管理层短视行为程度加深，本章的假设5-1将得以证明。如果反收购条款的回归系数显著为负，说明设置反收购条款会抑制管理层的短视行为，本章的假设5-2将得以证明。

## 5.4 实证结果与分析

### 5.4.1 描述性统计分析

由表5-3可知，管理层短视（Myopia）的均值为0.262。是否设置反收购条款（ATPD）是哑变量，如果公司在某一年设置了反收购条款，则取值为1，否则取0。因此，是否设置反收购条款（ATPD）的均值为0.390，意味着只有39%的样本将反收购条款纳入公司章程；设置的反收购条款数量（ATP）的均值为0.572，这同样意味着我国A股上市公司中设置反收购条款的数量较少。限于篇幅在此未赘述控制变量的描述性统计结果。

表5-3 描述性统计结果

| Variable | mean | sd | min | p25 | p50 | p75 | max |
|---|---|---|---|---|---|---|---|
| Myopia | 0.262 | 0.167 | 0.000 | 0.140 | 0.229 | 0.346 | 0.842 |
| ATPD | 0.390 | 0.488 | 0.000 | 0.000 | 0.000 | 1.000 | 1.000 |
| ATP | 0.572 | 0.852 | 0.000 | 0.000 | 0.000 | 1.000 | 4.000 |

### 5.4.2 相关性检验

本章对样本的主要变量进行了相关性检验，具体检验结果列示于表5-4。由相关性分析结果可知，公司是否设置反收购条款（ATPD）、反收购条款数量（ATP）与管理层短视（Myopia）之间均为正相关关系，分别在5%和1%的水平上显著为正，初步印证了假设5-1，反收购条款会诱发管理层短视行为。相关系数显示，本章主要变量之间不存在多重共线性问题。

表5-4 **相关性检验结果**

| Variable | Myopia | ATPD | ATP | Size | Lev | ROE | SOE | Top1 | Age | Growth | Dual | Cash | Board | Inholder | Analyst | ITA |
|---|---|---|---|---|---|---|---|---|---|---|---|---|---|---|---|---|
| Myopia | 1 | | | | | | | | | | | | | | | |
| ATPD | 0.013$^{**}$ | 1 | | | | | | | | | | | | | | |
| ATP | 0.016$^{***}$ | 0.839$^{***}$ | 1 | | | | | | | | | | | | | |
| Size | 0.049$^{***}$ | 0.062$^{***}$ | 0.056$^{***}$ | 1 | | | | | | | | | | | | |
| Lev | 0.130$^{***}$ | -0.013$^{**}$ | -0.009 | 0.458$^{***}$ | 1 | | | | | | | | | | | |
| ROE | -0.070$^{***}$ | -0.006 | -0.003 | 0.095$^{***}$ | -0.178$^{***}$ | 1 | | | | | | | | | | |
| SOE | 0.218$^{***}$ | -0.013$^{**}$ | -0.026$^{***}$ | 0.316$^{***}$ | 0.310$^{***}$ | -0.064$^{***}$ | 1 | | | | | | | | | |
| Top1 | 0.036$^{***}$ | -0.027$^{***}$ | -0.050$^{***}$ | 0.188$^{***}$ | 0.040$^{***}$ | 0.139$^{***}$ | 0.212$^{***}$ | 1 | | | | | | | | |
| Age | 0.163$^{***}$ | 0.014$^{**}$ | 0.018$^{***}$ | 0.094$^{***}$ | 0.230$^{***}$ | -0.042$^{***}$ | 0.288$^{***}$ | -0.061$^{***}$ | 1 | | | | | | | |
| Growth | -0.093$^{***}$ | -0.040$^{***}$ | -0.031$^{***}$ | 0.007 | 0.007 | 0.288$^{***}$ | -0.097$^{***}$ | -0.020$^{***}$ | -0.068$^{***}$ | 1 | | | | | | |
| Dual | -0.127$^{***}$ | -0.021$^{***}$ | -0.021$^{***}$ | -0.170$^{***}$ | -0.162$^{***}$ | 0.027$^{***}$ | -0.306$^{***}$ | -0.046$^{***}$ | -0.163$^{***}$ | 0.043$^{***}$ | 1 | | | | | |
| Cash | -0.067$^{***}$ | -0.046$^{***}$ | -0.043$^{***}$ | -0.247$^{***}$ | -0.401$^{***}$ | 0.187$^{***}$ | -0.134$^{***}$ | 0.032$^{***}$ | -0.133$^{***}$ | 0.029$^{***}$ | 0.113$^{***}$ | 1 | | | | |
| Board | 0.099$^{***}$ | -0.010$^{*}$ | -0.012$^{**}$ | 0.245$^{***}$ | 0.162$^{***}$ | 0.027$^{***}$ | 0.281$^{***}$ | 0.016$^{***}$ | 0.117$^{***}$ | -0.017$^{***}$ | -0.180$^{***}$ | -0.058$^{***}$ | 1 | | | |
| Inholder | 0.080$^{***}$ | 0.020$^{***}$ | 0.002 | 0.399$^{***}$ | 0.200$^{***}$ | 0.131$^{***}$ | 0.374$^{***}$ | 0.473$^{***}$ | 0.110$^{***}$ | -0.014$^{**}$ | -0.189$^{***}$ | -0.048$^{***}$ | 0.207$^{***}$ | 1 | | |
| Analyst | -0.064$^{***}$ | -0.007 | -0.010$^{*}$ | 0.358$^{***}$ | -0.060$^{***}$ | 0.377$^{***}$ | -0.039$^{***}$ | 0.094$^{***}$ | -0.126$^{***}$ | 0.180$^{***}$ | 0.017$^{***}$ | 0.134$^{***}$ | 0.124$^{***}$ | 0.199$^{***}$ | 1 | |
| ITA | 0.001 | 0.006 | -0.000 | 0.018$^{***}$ | 0.020$^{***}$ | -0.057$^{***}$ | 0.062$^{***}$ | 0.008 | 0.019$^{***}$ | -0.023$^{***}$ | -0.047$^{***}$ | -0.157$^{***}$ | 0.052$^{***}$ | 0.046$^{***}$ | -0.002 | 1 |
| VIF | 1.050 | 1.040 | 2.400 | 1.840 | 1.360 | 1.580 | 1.410 | 1.240 | 1.170 | 1.150 | 1.390 | 1.200 | 1.640 | 1.720 | 1.140 | 1.422 |

注：$^{***}$、$^{**}$、$^{*}$分别表示回归系数在1%、5%、10%的水平上显著。

### 5.4.3 回归结果分析

由表5-5可知，是否设置反收购条款（ATPD）与管理层短视（Myopia）之间的系数为0.008，在1%的水平上显著正相关。这意味着设置了反收购条款的上市公司管理层短视程度比未设置反收购条款的公司高出0.8个百分点。也就是说，设置了反收购条款的公司管理层短视程度会更高，这支持了本章的假设5-1。反收购条款数量（ATP）与管理层短视之间的系数为0.006，在1%的水平上显著正相关。这意味着公司增加设置1条反收购条款，管理层短视程度就会增加0.6个百分点。这说明公司反收购条款数量的增多会诱发管理层的短视行为，进一步支持了本章的假设5-1。

由于反收购条款的种类繁多且发挥的效应大小可能存在差异，因此不同效应强度的反收购条款对管理层短视行为可能会产生不同的影响。故本章借鉴陈玉罡和石芳（2014）、陈克兢等（2021）对反收购条款的分类方式，将反收购条款分为强反收购效应条款和弱反收购效应条款两类。其中，强反收购效应条款（SATP）包括绝对多数条款（AM）、错列董事会（SB）、限制董事提名权（DNTS）、董事资格审查（BQE）条款。据此本章设置变量，是否设置强反收购效应条款（SATPD）和强反收购效应条款数量（SATP），并检验这两个变量与管理层短视之间的关系。列（3）和列（4）检验出公司是否设置强反收购效应条款和管理层短视之间的系数为0.019，设置强反收购效应条款数量和管理层短视之间的系数为0.015，均在1%的水平上显著正相关，且回归系数和显著程度均比不区分效应强弱时更高。这说明公司设置反收购效应较强的条款会更加剧管理层的短视程度。限于篇幅在此未赘述控制变量回归结果。

表5-5 反收购条款与管理层短视的回归结果

| Variable | (1) | (2) | (3) | (4) |
|---|---|---|---|---|
| | Myopia | Myopia | Myopia | Myopia |
| ATPD | 0.008*** | | | |
| | (2.579) | | | |
| ATP | | 0.006*** | | |
| | | (3.375) | | |
| SATPD | | | 0.019*** | |
| | | | (3.497) | |
| SATP | | | | 0.015*** |
| | | | | (3.671) |
| Constant | -0.079* | -0.079* | -0.078 | -0.072* |
| | (-1.953) | (-1.946) | (-1.230) | (-1.781) |
| Control | YES | YES | YES | YES |
| Year/Ind | YES | YES | YES | YES |
| N | 31 225 | 31 225 | 31 225 | 31 225 |
| Adj-$R^2$ | 0.177 | 0.177 | 0.177 | 0.177 |

注：***、**、*分别表示回归系数在1%、5%、10%的水平上显著。

## 5.5 稳健性检验

### 5.5.1 Heckman两阶段模型

考虑到企业是否在公司章程中设置反收购条款可能受到某些未知且不可观测因素的影响，即是否设置反收购条款并不是随机的或者外生的，这样的样本选择偏差可能会对结果造成影响，因此本章采用Heckman两阶段模型对研究结果进行检验。

第一阶段模型如下：

$$ATPD_{i,t} = \phi_0 + \phi_1 Control + \sum Year + \sum Industry + \varepsilon \quad (5.3)$$

第二阶段模型如下：

$$Myopia_{i,t} = \varphi_0 + \varphi_1 ATPD_{i,t} + \varphi_2 Control + \varphi_3 IMR + \sum Year + \sum Industry + \varepsilon \quad (5.4)$$

$$Myopia_{i,t} = \varphi_0 + \varphi_1 ATP_{i,t} + \varphi_2 Control + \varphi_3 IMR + \sum Year + \sum Industry + \varepsilon \quad (5.5)$$

是否设置反收购条款（ATPD）与管理层短视（Myopia）之间的回归系数为0.289，在1%的水平上显著正相关；反收购条款数量（ATP）与管理层短视（Myopia）之间的回归系数为0.006，在10%的水平上显著正相关。这与前文的研究结果基本一致。同时，逆米尔斯比率（IMR）和管理层短视（Myopia）的回归结果显著，说明本章可能存在一定的样本选择偏差。但是在控制样本选择偏差之后，本章的研究假设5-1依然成立。限于篇幅未赘述稳健性检验回归结果。

### 5.5.2 小样本偏差

由于我国上市公司较多，而其中设置反收购条款的公司相对较少，占比较小，因而本章可能存在小样本偏差问题。基于此，本章采用Bootstrap法解决由于设置反收购条款的企业样本相对较少所带来的小样本偏差问题。本章采用Bootstrap方法，随机从设置反收购条款的企业样本中选择500个样本，并重复该过程500次。是否设置反收购条款（ATPD）、反收购条款数量（ATP）与管理层短视（Myopia）的回归系数分别为0.008和0.006，均在1%的水平上显著为正。这与前文的研究结果一致，进一步说明本章研究的可靠性。

### 5.5.3 考虑滞后效应

考虑到反收购条款对管理层短视行为的影响存在滞后效应，本章分别以t-1期的反收购条款变量与管理层短视行为进行回归。是否设置反收购条款（$ATPD_{t-1}$）和管理层短视（$Myopia_t$）之间的回归系数为0.011，反收购条款数量（$ATP_{t-1}$）和管理层短视（$Myopia_t$）之间的回归系数为0.007，均在1%的水平上显著正相关，与前文的研究结果一致。

### 5.5.4 更换变量

本章对被解释变量（管理层短视）的衡量指标进行了更换。使用WinGo财经文本数据平台输出的精确词频替代了原来的扩展词频，以此为基础计算短视词汇的词频数量，再除以MD&A总词频得出新的管理层短视指标（Myopia_E）。扩展词是指包含所查询词汇的所有词汇，例如“资产”的扩展词汇包括“资产负债表”等，扩展词表达的意思与相应的短视词汇含义未必一致，有时可能毫无关联。因此，为使回归结果更加稳健可靠，进行短视词频统计时只计算精确词的词频，其余扩展词暂且不计，并据此计算新的管理层短视指标（Myopia_E）。

是否设置反收购条款（ATPD）与管理层短视（Myopia_E）之间的系数为正且显著。反收购条款数量（ATP）与管理层短视（Myopia_E）之间的系数为正且显著。由此可知，反收购条款增多会诱发管理层的短视行为。这与前文回归结果一致，为本章研究结论提供了进一步支持。

### 5.5.5 增加控制变量

由于本章的被解释变量是管理层短视（Myopia），属于管理层行为，因此为使研究结论更加可靠，本章将在控制变量中另增加能够影响管理层行为的变量。借鉴胡楠等（2021）的选择，本章决定增加控制变量：管理层持股比例（Grate）和管理层薪酬（Gpay）。新增控制变量后，是否设置反收购条款（ATPD）与管理层短视（Myopia）之间的系数为0.009，反收购条款数量（ATP）与管理层短视（Myopia）之间的系数为0.005，均在1%的水平上显著正相关。增加能够影响管理层行为的控制变量之后，回归结果与前文一致，提高了本章研究结论的可靠性。

## 5.6 进一步分析

### 5.6.1 反收购条款与代理冲突

现代公司的所有权和经营权分属于公司股东和管理层，二者之间无论是在获取信息的时间还是内容方面都存在不对称问题，从而会对公司经营和发展造成不利影响。代理冲突导致的损失和为解决代理冲突而产生的成本都是企业的代理成本，是一种内部耗损。短视的管理层与重视公司长远发展的股东的目标往往难以统一，信息不对称程度加重、道德风险等问题也会凸显，因而代理冲突会更加严重。因此，当企业设置反收购条款时，管理层的短视行为增加，公司内部的代理冲突会随之增加。

基于此，本章构建如下模型对反收购条款与代理冲突之间的关系进行检验：

$$Agency_{i,t} = \alpha_0 + \alpha_1 ATPD_{i,t} + \alpha_2 Control + \sum Year + \sum Industry + \varepsilon \quad (5.6)$$

$$Agency_{i,t} = \beta_0 + \beta_1 ATP_{i,t} + \beta_2 Control + \sum Year + \sum Industry + \varepsilon \quad (5.7)$$

其中，Agency是指企业的代理成本，用于衡量股东与管理层之间的代理冲突，代理成本越高，代理冲突就越严重。

参考罗劲博和李小荣（2021）、周泽将和雷玲（2020）的研究，以经营费用率来计量代理成本，具体回归结果见表5-6。表5-6的第（1）列和第（2）列展示的是反收购条款对代理成本（Agency）的回归结果。企业是否设置反收购条款（ATPD）、反收购条款的数量（ATP）与代理成本（Agency）的回归系数显著为正。由此可以说明，企业设置反收购条款会增加企业内部的代理冲突，从侧面验证了本章提出的反收购条款会诱发管理层短视行为的论断，进一步支持了前文提出的研究假设。限于篇幅在此未赘述控制变量回归结果。

表5-6　反收购条款与企业内部代理冲突的检验结果

| Variable | (1) Agency | (2) Agency |
| --- | --- | --- |
| ATPD | 0.009*** | |
| | (2.945) | |
| ATP | | 0.006*** |
| | | (2.988) |
| Constant | 0.490*** | 0.490*** |
| | (13.107) | (13.123) |
| Control | YES | YES |
| Year/Ind | YES | YES |
| N | 31 225 | 31 225 |
| Adj-$R^2$ | 0.215 | 0.216 |

注：***、**、*分别表示回归系数在1%、5%、10%的水平上显著。

### 5.6.2　反收购条款与管理层薪酬业绩敏感性

管理层薪酬业绩敏感性是指公司业绩提高对管理层薪酬的影响程度。根据前人的研究结论，公司业绩提高，管理层的薪酬也会随之提高，因而管理层为了获得更多的薪酬收益会倾向提升公司的业绩。当企业设置反收购条款时，管理层在薪酬契约签订过程中有着较大的话语权，这会削弱管理层薪酬与公司业绩之间的敏感性。这是因为管理层可以直接参与设计薪酬合同为自己获取更丰厚的利益（吕长江和赵宇恒，2008；方军雄，2009）。反收购条款会加剧上市公司管理层的短视行为，增加代理成本，从而降低薪酬契约的有效性（刘星等，2020）。因此，公司业绩的好坏对管理层薪酬的影响大大降低，管理层薪酬业绩敏感性会有所下降。从理论上来讲，反收购条款应该会降低高管薪酬业绩敏感性。

基于此，本章构建如下模型对反收购条款与管理层薪酬业绩敏感性之间的关系进行检验：

$$COMP_{i,t} = \alpha_0 + \alpha_1 ROA_{i,t} + \alpha_2 ATPD_{i,t}/ATP_{i,t} \times ROA_{i,t} + \alpha_3 ATPD_{i,t}/ATPN_{i,t} + \alpha_4 Control + \sum Year + \sum Industry + \varepsilon \quad (5.8)$$

其中，COMP是指公司管理层薪酬业绩。参考林钟高等（2014）的计量，本章选用董监高（监管层）前三位薪酬之和的自然对数（COMP）作为衡量指标。另外，模型中的系数$\alpha_1$表示管理层薪酬业绩敏感性，系数$\alpha_3$表示反收购条款对管理层薪酬业绩敏感性的影响。

表5-7为反收购条款与管理层薪酬业绩敏感性的检验结果。其中，ROA的系数均为正值，且在1%的水平上显著，与前人研究保持一致，表明管理层薪酬业绩会随公司业绩的提高而提高。企业是否设置反收购条款（ATPD）与公司业绩（ROA）的交乘项（ATPD×ROA）的回归系数为-0.825，在1%的水平上显著为负。企业设置反收购条款数量（ATP）与公司业绩（ROA）的交乘项（ATP×ROA）的回归系数为-0.575，也在1%的水平上显著为负。这说明企业设置反收购条款降低了管理层薪酬业绩敏感性。短视的管理层受到反收购条款保护后对薪酬的话语权增加，其薪酬受公司业绩的影响程度降低，恰好印证了前文得出的反收购条款会诱发管理层短视行为的研究结果，进一步支持了前文研究。限于篇幅在此未赘述控制变量回归结果。

表5-7 反收购条款与管理层薪酬业绩敏感性的检验结果

| Variable | (1) | (2) |
|---|---|---|
| | COMP | COMP |
| ROA | 0.801*** | 0.796*** |
| | (3.499) | (3.490) |
| ATPD×ROA | -0.825*** | |
| | (-3.484) | |
| ATP×ROA | | -0.575*** |
| | | (-3.860) |

续表

| Variable | (1) | (2) |
|---|---|---|
| | COMP | COMP |
| ATPD | $0.095^{***}$ | |
| | (4.994) | |
| ATP | | $0.057^{***}$ |
| | | (5.061) |
| Constant | $9.166^{***}$ | $9.161^{***}$ |
| | (42.860) | (42.882) |
| Control | YES | YES |
| Year/Ind | YES | YES |
| N | 31 225 | 31 225 |
| Adj-$R^2$ | 0.469 | 0.469 |

注：***、**、*分别表示回归系数在1%、5%、10%的水平上显著。

### 5.6.3 反收购条款与管理层变更业绩敏感性

管理层变更业绩敏感性，是指公司业绩对管理层被迫离职的影响程度。根据前人的研究结论，往往公司业绩出现下滑时，公司的管理层被迫离职的概率会增加。因而管理层必须努力提升公司业绩才能保住自己的职位。短视的管理层没有长远的眼光，更多关注短期利益，与公司整体利益目标不一致，其存在并不利于公司内部治理，公司业绩对短视管理层职位变更的影响并不发生在当期，而是发生于下一年或是之后的一段期间，因而公司业绩对短视管理层的被迫离职的影响较小。当企业设置反收购条款时，管理层的地位得到巩固和保护，引发管理层的短视行为，因而削弱了公司业绩对管理层职业发展的影响。因此，反收购条款会降低高管变更业绩敏感性。

基于此，本章构建如下模型对反收购条款与管理层变更业绩敏感性之间的关系进行检验，这样更能保证结果的可靠性：

$$\text{Logit}(\text{Turnover})_{i,t} = \alpha_0 + \alpha_1 \text{ROA}_{i,t-1} + \alpha_2 \text{ATPD}_{i,t-1}/\text{ATP}_{i,t-1} \times \text{ROA}_{i,t-1} + \alpha_3 \text{ATPD}_{i,t-1}/\text{ATP}_{i,t-1} + \alpha_4 \text{Control} + \varepsilon \quad (5.9)$$

$$\text{Probit}(\text{Turnover})_{i,t} = \beta_0 + \beta_1 \text{ROA}_{i,t-1} + \beta_2 \text{ATPD}_{i,t-1}/\text{ATP}_{i,t-1} \times \text{ROA}_{i,t-1} + \beta_3 \text{ATPD}_{i,t-1}/\text{ATP}_{i,t-1} + \beta_4 \text{Control} + \varepsilon \quad (5.10)$$

在模型（5.9）和模型（5.10）中，除被解释变量Turnover以外，其余解释变量和控制变量均采用前一期数据，因为业绩下滑并不会在当年就使管理层离职。其中，Turnover是指公司管理层的非自愿性变更。公司业绩不佳时，总经理和董事长都是重要的责任人代表，其中任意一个非自愿变更均视为管理层发生非自愿性变更。借鉴潘越等（2011）和李胜楠等（2015）的研究，对CSMAR数据库中披露的11种高管变更原因进行如下分类：将因工作调动、不满55岁退休、控股权变动、辞职、解聘和个人原因引起的变更归为非自愿性变更。若发生管理层的非自愿变更则Turnover取1，否则取0。另外，模型中的系数$\alpha_1$和$\beta_1$表示管理层变更业绩敏感性，根据前人的研究，$\alpha_1$和$\beta_1$应为负值；系数$\alpha_3$和$\beta_3$表示反收购条款对管理层变更业绩敏感性的影响。

表5-8中第（1）列和第（2）列展示的是利用Logit模型（5.9）进行的反收购条款与管理层变更业绩敏感性的回归结果，第（3）列和第（4）列展示的是利用Probit模型（5.10）进行的回归结果。四列的结果中，$\text{ROA}_{t-1}$的系数均显著为负值，这表明当公司业绩下滑时管理层很可能非自愿离职。在Logit模型回归结果中，是否设置反收购条款、反收购条款数量与公司业绩（$\text{ROA}_{t-1}$）的交乘项（$\text{ATPD}\times\text{ROA}_{t-1}$和$\text{ATP}\times\text{ROA}_{t-1}$）的回归系数分别为1.803和1.628，均在1%的水平上显著为正。在Probit模型回归结果中，交乘项$\text{ATPD}\times\text{ROA}_{t-1}$和$\text{ATP}\times\text{ROA}_{t-1}$的回归系数分别为1.095和0.934，也均在1%的水平上显著为正。两个模型的检验结果一致，都说明企业设置反收购条款削弱了管理层变更业绩敏感性，表明反收购条款是管理层的保护者，印证了反收购条款会诱发管理层短视行为的研究结果。限于篇幅在此未赘述控制变量回归结果。

表5-8　反收购条款与管理层变更业绩敏感性的检验结果

| Variable | Logit回归 | | Probit回归 | |
|---|---|---|---|---|
| | (1) | (2) | (3) | (4) |
| | Turnover | Turnover | Turnover | Turnover |
| $ROA_{t-1}$ | -2.294*** | -2.474*** | -1.141*** | -1.238*** |
| | (-3.338) | (-3.623) | (-2.978) | (-3.251) |
| $ATPD\times ROA_{t-1}$ | 1.803*** | | 1.095*** | |
| | (2.686) | | (2.986) | |
| $ATP\times ROA_{t-1}$ | | 1.628*** | | 0.934*** |
| | | (3.820) | | (3.995) |
| $ATPD_{t-1}$ | -0.001 | | -0.004 | |
| | (-0.029) | | (-0.152) | |
| $ATP_{t-1}$ | | 0.014 | | 0.007 |
| | | (0.542) | | (0.466) |
| Constant | -3.308*** | -3.331*** | -1.931*** | -1.938*** |
| | (-5.732) | (-5.771) | (-6.013) | (-6.034) |
| Control | YES | YES | YES | YES |
| Year/Ind | YES | YES | YES | YES |
| N | 26 632 | 26 632 | 26 632 | 26 632 |
| Pseudo $R^2$ | 0.046 | 0.047 | 0.046 | 0.047 |

注：***、**、*分别表示回归系数在1%、5%、10%的水平上显著。

# 第6章 反收购条款与企业违规

## 6.1 研究问题的提出

企业违规行为不仅会损害股东的共同利益，而且还对社会造成恶劣的影响。企业违规行为一直是实务界和学术界研究的热点，针对企业违规问题，已经有众多学者展开了研究。从理论上来讲，反收购条款的设立会对企业违规行为产生两种完全相反的影响。一方面，反收购条款使得不作为的管理层和控股股东更难以被替换，从而加剧委托代理问题，企业违规行为可能更多；另一方面，反收购条款的设置使得管理层、控股股东免受来自资本市场的压力，控股股东和管理层更加专注于公司长期价值创造，从而减轻公司的代理问题，最终反收购条款会抑制企业的违规行为（Daines等，2021）。基于此，本章基于公司章程设立反收购条款的视角，从委托代理理论和控制权市场理论出发，运用Logit回归模型和Poisson regression模型探讨了反收购条款是否对企业违规行为产生影响。

## 6.2 理论分析与研究假设

（1）治理效应

控制权市场的监督作用可以很好地缓解公司内部产生的委托代理问题。上市公司章程中设立反收购条款，可以增强企业的控制能力，巩固管理层的地位，这样公司受到控制权市场的监督效用会被削弱，即管理层受到控制权市场的约束作用变小，管理层失去了动力去创造公司价值，高管会想获得更多的非货币性福利以及享受更多的在职消费。管理层在投资决策时，即使项目的内部收益率低于其资本成本，可能仍会对项目投资，进行不合理的资源配置，用来谋取私利，建造自己的商业帝国，从而可能发生更多的违规行为，加重管理层与股东之间的代理问题。Bebchuk等（2009）发现，随着反收购条款的增多，管理层机会主义增加，进而损害公司价值。

不同于西方大部分上市公司股权分散的特点，中国的公司中更严重的是第二类委托代理问题。正是控制权市场的监督作用，使得管理不善、效率低下的公司能吸引新的投资者来替换原有的控股股东，控制权市场的存在可以缓解第二类委托代理问题。设置收购条款之后，控股股东掏空行为更加猖獗，企业违规行为发生的可能性也就越大（张伟华等，2019）。Faleye（2007）认为，交错董事会条款加强了公司的防御管理，巩固了管理层的地位，加重了企业内部的委托代理问题，降低了公司价值。基于此，本章提出如下研究假设：

研究假设6-1：公司章程中设立反收购条款会助长上市公司的违规行为。

（2）合谋效应

首先，上市公司如果没有设置反收购条款，那么管理层迫于控制权市场监督的压力，面对其他投资者收购的威胁，可能只关注公司短期内的价值创造，没有时间考虑公司的长远发展，在项目决策时，可能也无法作出最正确的决定。根据股东福利假说，管理层以维护股东的利益为第一要务，当受到外部环境收购威胁时，管理层有很大可能从事短视行为，当这种威胁消失的时候，管理层会重新专注于公司的价值创造。如果面对控制权市场监督的压力过大或管理层对公司的未来发展比较悲观，管理层很可能在自己的地位非常稳固的时候就“破罐子破摔”开始谋取私利，发生违规行为。但是反收购条款的设立可以降低公司被收购的可能性，公司高管无须担心外部的压力，可以专注于企业的价值创造，并且管理层也不用担心自己会被替换而想好后路。Stein（1988）通过研究指出，当公司面临被收购压力时，公司管理层可能发生短视行为，为了提高当前利润而放弃长远利益。由此可见，公司章程中设置反收购条款可以降低公司高管违规的可能性。

其次，反收购条款的设置能够使得管理层获得一个长期的契约关系，可以更多关注企业的长期价值创造、长期战略目标的实施，从而减少过度投资行为，降低自身违规的概率。根据管家理论假设，公司高管会尽责为公司服务，为企业创造更大的价值。因此，反收购条款可以让管理层更加尽心工作，带来企业价值的增长。Daines等（2021）发现，设置反收购条款后，管理层进行了更有价值的长期投资，减少了短视行为。Santos（2013）通过研究，发现上市公司章程中设置反收购条款能够促进企业进行创新项目投资。整体而言，反收购条款可以降低管理层从事违规活动的动机。基于此，本章提出如下研究假设：

研究假设6-2：公司章程中设立反收购条款会抑制上市公司的违规行为。

## 6.3 实证设计

### 6.3.1 数据选择与样本来源

本章以2007—2020年作为时间窗口，剔除ST和*ST公司、金融公司和数据无法获得的公司之后，最终获得31 073个公司年度观测值。反收购条款来自本书构建的反收购条款数据库，企业层面数据来自CSMAR和CNRDS。

### 6.3.2 变量设计与定义

（1）被解释变量

企业违规：在主检验部分主要采用以下两种方式进行衡量：①上市公司是否违规（Fraud）哑变量，公司实际发生违规行为时取值为1，否则为0。②上市公司年度违规频率（Frequency），上市公司某年发生违规行为的次数。当被解释变量是上市公司是否违规（Fraud）时，采用Logit模型进行回归；当被解释变量为企业违规频率（Frequency）时，采用Poisson regression模型进行回归。

（2）解释变量

本章以上市公司是否设置反收购条款（ATPD）作为解释变量，当上市公司设置反收购条款时ATPD赋值为1，否则赋值为0。

（3）控制变量

参考陆瑶和胡江燕（2016）、孟庆斌等（2019）的类似研究，本章设置如下控制变量：公司规模（Size）、股票年收益率（Yyret）、管理层持股比例（Mhold）、独立董事人数占比（Dir）、股权集中度（Top10）、两职合一（PLU）、国有控股（StateShrpct）、审计质量（Audit）、分析师跟踪程度（Analyst）、财务困境（Loss）、资产负债率（Lev）、公司上市年限（Longt）、成长能力（Growth）、行业托宾Q中位数（IndQ）、股票年换手率（Turnover）、股票年波动率（Retvol）、公司业绩（Ebitda）、曾经是否违规（Prefraud）、行业违规情况（Indufraud）。具体变量定义见表6-1。

表6-1 变量定义表

| 变量类型 | 变量名称 | 变量符号 | 变量解释 |
| --- | --- | --- | --- |
| 被解释变量 | 企业是否违规 | Fraud | 哑变量，上市公司实际发生违规行为同时被稽查出时取值为1，否则为0 |
| | 企业违规频率 | Frequency | 上市公司在当年发生违规行为的次数 |
| 解释变量 | 是否设置反收购条款 | ATPD | 上市公司是否设置反收购条款，从未设置过反收购条款为0，否则为1 |

续表

| 变量类型 | 变量名称 | 变量符号 | 变量解释 |
|---|---|---|---|
| 控制变量 | 公司规模 | Size | 年末总资产的对数 |
| | 股票年收益率 | Yyret | 公司股票当年的收益率 |
| | 管理层持股比例 | Mhold | 高管持股比例与流通股数的比值 |
| | 独立董事人数占比 | Dir | 独董人数占董事会人数的比例 |
| | 股权集中度 | Top10 | 公司前10大股东持股数量占总股本比重 |
| | 两职合一 | PLU | 虚拟变量，当年CEO兼任董事长时赋值1，反之为0 |
| | 国有控股 | StateShrpct | 年末国有持股数量合计/总股本 |
| | 财务困境 | Loss | 最近两个会计年度连续亏损时为1，否则为0 |
| | 资产负债率 | Lev | 年末总负债/年末总资产 |
| | 公司上市年限 | Longt | 成为上市公司的年限对数 |
| | 成长能力 | Growth | 公司营业收入增长率 |
| | 行业托宾Q中位数 | IndQ | 年末同行业所有公司托宾Q的中位数 |
| | 股票年换手率 | Turnover | 流通股年换手率 |
| | 股票年波动率 | Retvol | 当年股票周波动率的年均值 |
| | 公司业绩 | Ebitda | 年末公司息税折旧摊销前利润除以总资产 |
| | 曾经是否违规 | Prefraud | 虚拟变量，公司往年曾经违规取1，否则取0 |
| | 行业违规情况 | Indufraud | 同行业中当年违规公司数目占当年上市公司总数的比例 |
| | 审计质量 | Audit | 虚拟变量，是否选择四大会计师事务所，是为1，否为0 |
| | 分析师跟踪程度 | Analyst | 当年分析师报告数量的自然对数 |
| | 行业 | Ind | 行业哑变量 |
| | 年度 | Year | 年度哑变量 |

### 6.3.3 模型设计

根据前文研究变量和控制变量的选择，检验模型（6.1）设定如下：

$$Fraud/Frequency = \alpha_0 + \alpha_1 ATPD + Control + \varepsilon \tag{6.1}$$

其中，Fraud为上市公司当年是否违规，Frequency为公司当年违规的次数，ATPD为企业设置反收购条款的哑变量。下面根据公式（6.1）进行后续的回归分析，如果设置反收购条款的回归系数$\alpha_1$显著为正就说明设置反收购条款会助长上市公司的违规行为，本章研究假设6-1得到证明。反之，如果反收购条款的回归系数$\alpha_1$显著为负，则说明设置反收购条款会抑制上市公司的违规行为，本章研究假设6-2得到证明。

## 6.4 实证结果与分析

### 6.4.1 描述性统计分析

描述性统计结果见表6-2。从表6-2可以看出，企业违规（Fraud）均值为0.128，企业违规频率（Frequency）均值为0.200，说明每年平均有12.8%的公司存在违规行为，年均违规次数为0.2次。企业设置反收购条款的均值为0.395，这意味着我国上市公司中设置反收购条款的公司占比较低。限于篇幅在此未赘述控制变量的描述性统计结果。

表6-2　　描述性统计结果

| 变量 | 样本数 | 均值 | 标准差 | 最小值 | P25 | 中位数 | P75 | 最大值 |
|---|---|---|---|---|---|---|---|---|
| Fraud | 31 073 | 0.128 | 0.334 | 0.000 | 0.000 | 0.000 | 0.000 | 1.000 |
| Frequency | 31 073 | 0.200 | 0.636 | 0.000 | 0.000 | 0.000 | 0.000 | 13.000 |
| ATPD | 31 073 | 0.395 | 0.489 | 0.000 | 0.000 | 0.000 | 1.000 | 1.000 |

为了考察设置反收购条款组与未设置反收购条款组之间的差异，本章对样本进行了t检验，检验结果见表6-3。对于企业违规（Fraud）而言，设置反收购条款的样本组概率为14.1%，而未设置反收购条款的样本组的概率为11.9%，说明设置反收购条款会增加上市公司违规的倾向；对于企业违规频率（Frequency）而言，设置反收购条款样本组的次数为0.230次，而未设置反收购条款的样本组的次数为0.181次，证明设置反收购条款会增加企业违规的频率。综合以上两种情况，说明设置反收购条款将会促使企业违规、增加违规频率，验证了假设6-1。限于篇幅控制变量的组间差异并未详细汇报。

表6-3 **单因素分析结果**

| 变量 | 未设置反收购条款 | 设置反收购条款 | T test |
|---|---|---|---|
| Fraud | 0.119 | 0.141 | -0.022*** |
| Frequency | 0.181 | 0.230 | -0.049*** |

注：***、**、*分别表示回归系数在1%、5%、10%的水平上显著。

### 6.4.2 相关性检验

相关性检验结果见表6-4。结果显示，是否设置反收购条款（ATPD）与企业违规（Fraud）、企业违规频率（Frequency）均正相关，该相关性在样本数据中均在1%的水平上显著为正。这一结果说明设置反收购条款的企业违规倾向更强、违规频率更高，初步验证了本章的假设6-1。在控制变量中，董事长兼任CEO（PLU）、资产负债率（Lev）、公司成长能力（Growth）与违规行为相关性显著为正，说明这些指标可能会促进企业违规。而国有控股比例（StateShrpct）、审计质量（Audit）和分析师关注度（Analyst）与违规行为显著为负，说明这些指标的增长可能会抑制企业违规。通过表6-4还可以发现，本章变量的Pearson相关系数的绝对值均小于0.6，说明主要变量之间不存在多重共线性问题。

表6-4 相关性检验结果

| 变量 | Fraud | Frequency | ATPD | Size | Yyret | Mhold | Dir | Top10 | PLU | StateShrpct | Audit | Analyst | Lev | Longt | Growth | IndQ | Turnover | Retvol | Ebitda | Prefraud | Indufraud | Loss |
|---|---|---|---|---|---|---|---|---|---|---|---|---|---|---|---|---|---|---|---|---|---|---|
| Fraud | 1.000 | | | | | | | | | | | | | | | | | | | | | |
| Frequency | 0.821*** | 1.000 | | | | | | | | | | | | | | | | | | | | |
| ATPD | 0.032*** | 0.038*** | 1.000 | | | | | | | | | | | | | | | | | | | |
| Size | -0.031*** | -0.026*** | 0.047*** | 1.000 | | | | | | | | | | | | | | | | | | |
| Yyret | -0.046*** | -0.049*** | -0.052*** | -0.042*** | 1.000 | | | | | | | | | | | | | | | | | |
| Mhold | 0.008 | 0.003 | -0.038*** | -0.293*** | -0.098*** | 1.000 | | | | | | | | | | | | | | | | |
| Dir | 0.010* | 0.009* | -0.004 | 0.016*** | -0.017*** | 0.081*** | 1.000 | | | | | | | | | | | | | | | |
| Top10 | -0.370*** | -0.073*** | -0.040*** | 0.165*** | -0.051*** | 0.212*** | 0.040*** | 1.000 | | | | | | | | | | | | | | |
| PLU | 0.043*** | 0.042*** | -0.007 | -0.160*** | -0.041*** | 0.260*** | 0.112*** | 0.038*** | 1.000 | | | | | | | | | | | | | |
| StateShrpct | -0.064*** | -0.062*** | -0.080*** | 0.092*** | 0.116*** | -0.219*** | -0.062*** | 0.159*** | -0.138*** | 1.000 | | | | | | | | | | | | |
| Audit | -0.048*** | -0.037*** | -0.040*** | 0.349*** | 0.006 | -0.114*** | 0.025*** | 0.174*** | -0.066*** | 0.043*** | 1.000 | | | | | | | | | | | |
| Analyst | -0.104*** | -0.102*** | -0.008 | 0.387*** | -0.003 | 0.074*** | -0.004 | 0.226*** | 0.009* | 0.015*** | 0.178*** | 1.000 | | | | | | | | | | |
| Lev | 0.048*** | 0.062*** | -0.031*** | 0.449*** | 0.067*** | -0.322*** | -0.023*** | -0.104*** | -0.147*** | 0.119*** | 0.099*** | -0.034*** | 1.000 | | | | | | | | | |
| Longt | -0.005 | 0.006 | 0.022*** | 0.242*** | 0.128*** | -0.567*** | -0.070*** | -0.338*** | -0.265*** | 0.158*** | 0.056*** | -0.041*** | 0.334*** | 1.000 | | | | | | | | |
| Growth | 0.051*** | 0.072*** | -0.052*** | 0.084*** | -0.014** | 0.092*** | 0.005 | 0.138*** | 0.042*** | 0.087*** | -0.008 | 0.210*** | 0.063*** | -0.077*** | 1.000 | | | | | | | |
| IndQ | 0.008 | 0.013** | -0.042*** | -0.100*** | 0.001 | 0.039*** | -0.006 | -0.012** | 0.025*** | -0.030*** | -0.020*** | 0.086*** | -0.183*** | -0.036*** | 0.015*** | 1.000 | | | | | | |
| Turnover | 0.028*** | 0.020*** | -0.093*** | -0.385*** | 0.244*** | 0.296*** | 0.021*** | -0.043*** | 0.132*** | 0.085*** | -0.130*** | -0.146*** | -0.143*** | -0.334*** | 0.022*** | 0.002 | 1.000 | | | | | |
| Retvol | 0.111*** | 0.129*** | -0.103*** | -0.186*** | 0.310*** | 0.057*** | 0.013** | -0.020*** | 0.040*** | 0.075*** | -0.058*** | -0.076*** | -0.003 | -0.075*** | 0.175*** | 0.009 | 0.426*** | 1.000 | | | | |
| Ebitda | -0.148*** | -0.162*** | 0.018*** | 0.071*** | 0.100*** | 0.056*** | -0.032*** | 0.202*** | 0.000 | 0.047*** | 0.063*** | 0.389*** | -0.209*** | -0.041*** | 0.223*** | 0.080*** | -0.061*** | -0.092*** | 1.000 | | | |
| Prefraud | 0.325*** | 0.316*** | 0.091*** | 0.037*** | -0.059*** | -0.070*** | 0.021*** | -0.132*** | 0.026*** | -0.103*** | -0.056*** | -0.162*** | 0.078*** | 0.065*** | -0.004 | 0.009* | -0.072*** | -0.015*** | -0.161*** | 1.000 | | |
| Indufraud | 0.010* | 0.008 | 0.019*** | -0.045*** | 0.011* | -0.009 | -0.014** | 0.009 | 0.000 | 0.007 | -0.016*** | 0.010* | -0.052*** | 0.008 | -0.015** | 0.176*** | -0.006 | 0.003 | 0.054*** | 0.011* | 1.000 | |
| Loss | 0.114*** | 0.142*** | -0.004 | -0.052*** | 0.002 | -0.047*** | 0.007 | -0.093*** | 0.000 | -0.003 | -0.024*** | -0.133*** | 0.131*** | 0.053*** | -0.064*** | -0.003 | 0.017*** | 0.075*** | -0.302*** | 0.101*** | 0.003 | 1.000 |

注：***、**、*分别表示回归系数在1%、5%、10%的水平上显著。

### 6.4.3 回归结果分析

（1）基于Logit模型和Poisson Regression模型的回归结果

在回归时，当被解释变量为上市公司违规（Fraud）时本章采用的是Logit模型，当被解释变量为上市公司违规频率时本章采用的是Poisson Regression模型。表6-5中的实证结果表明，在没有考虑控制变量的情况下，是否设置反收购条款（ATPD）与上市公司违规（Fraud）的系数为0.191，在1%的水平上显著正相关。增加控制变量之后，是否设置反收购条款（ATPD）与上市公司违规（Fraud）的系数为0.115，在1%的水平上显著正相关。这说明公司设置反收购条款后，上市公司的违规倾向变大，验证了研究假设6-1。同样根据第（3）列、第（4）列的回归结果，在没有考虑控制变量的情况下，是否设置反收购条款与上市公司违规频率的系数为0.242，在1%的水平上显著正相关。而考虑了控制变量之后，是否设置反收购条款与上市公司违规频率的系数为0.172，在1%的水平上显著正相关，研究假设6-1成立。这表明反收购条款会使得管理层的机会主义和控股股东的掏空主义更加严重，进行更多不合理的资源配置，导致上市公司中小股东利益被侵害的可能性增加。目前，国内外关于反收购条款对上市公司违规影响的研究较少，本章的研究有助于学术界和实务界了解反收购条款的负面效应。限于篇幅在此未赘述控制变量回归结果。

表6-5 **反收购条款与上市公司违规、违规频率的回归结果**

| 变量 | Fraud | | Frequency | |
|---|---|---|---|---|
| | （1） | （2） | （3） | （4） |
| ATPD | 0.191*** | 0.115*** | 0.242*** | 0.172*** |
| | （5.576） | （3.019） | （9.483） | （6.572） |
| Constant | −1.999*** | −2.645*** | −1.712*** | −2.135*** |
| | （−88.821） | （−5.609） | （−99.697） | （−6.715） |
| Control | NO | YES | NO | YES |
| Year/Ind | YES | YES | YES | YES |
| N | 31 073 | 31 073 | 31 073 | 31 073 |
| Adj-$R^2$ | 0.001 | 0.155 | 0.002 | 0.181 |

注：***、**、*分别表示回归系数在1%、5%、10%的水平上显著。

（2）基于Bivariate Probit模型的回归结果

基准回归分析利用Logit模型和Poisson Regression模型已经初步证明反收购条款会诱发企业违规行为。Logit模型属于单变量二值选择模型，只有当监管部门能够稽查出所有公司的违规行为时才能用来研究违规行为，但是实际情况并非如此。现实中由于各种主客观因素的限制，公司的违规行为并不能全部被及时稽查出来。为解决这个问题，本部分借鉴Poirier（1980）提出的部分可观测的二值Probit（Bivariate Probit）模型，利用该模型在估计公司违规倾向的同时考虑了公司违规的稽查概率。因此，引入两个潜变量$Incline^*_{it}$、$Detect^*_{it}$。$Incline^*_{it}$代表i公司t年度违规倾向的大小；$Detect^*_{it}$代表i公司在t年度违规后被稽查出的可能性大小。下面根据（6.2）式和（6.3）式来分别确定两个潜变量：

$$Incline^*_{it} = \beta_F X_{Fit} + \mu_{it} \tag{6.2}$$

$$Detect^*_{it} = \beta_D X_{Dit} + v_{it} \tag{6.3}$$

其中，$X_{Fit}$为解释公司违规倾向的解释变量，$X_{Dit}$为解释公司违规稽查概率的解释变量；$\beta_F$和$\beta_D$分别为两者的系数；$\mu_{it}$和$v_{it}$分别为两个均值是0并且服从二元正态分布的误差项。

下面分别定义哑变量$Incline_{it}$和$Detect_{it}$：

$$当Incline^*_{it} > 0时，Incline_{it} = 1，否则Incline_{it} = 0 \tag{6.4}$$

$$当Detect^*_{it} > 0时，Detect_{it} = 1，否则Detect_{it} = 0 \tag{6.5}$$

但是实际中只能观测到公司存在违规行为且被稽查出的事实，无法直接观测到$Incline_{it}$和$Detect_{it}$的取值。下面定义哑变量$Fraud_{it}$代表i公司在t年度违规同时被稽查出的事实，如果公司当年存在违规行为同时被稽查出，那么$Fraud_{it}=1$，否则$Fraud_{it}=0$；即$Fraud_{it}=Incline_{it}\times Detect_{it}$。于是有：

$$\begin{aligned} P(Fraud_{it} = 1) &= P(Incline_{it} \times Detect_{it} = 1) \\ &= P(Detect_{it} = 1 | Incline_{it} = 1) \times P(Incline_{it} = 1) \\ &= \Phi(\beta_F X_{Fit}, \ \beta_D X_{Dit}, \ \rho) \end{aligned} \tag{6.6}$$

$$\begin{aligned} P(Fraud_{it} = 0) &= P(Incline_{it} \times Detect_{it} = 0) \\ &= P(Detect_{it} = 0 | Incline_{it} = 1) \times P(Incline_{it} = 1) + P(Incline_{it} = 0) \\ &= 1 - \Phi(\beta_F X_{Fit}, \ \beta_D X_{Dit}, \ \rho) \end{aligned} \tag{6.7}$$

其中，Φ为二元正态分布的分布函数，根据（6.6）式和（6.7）式以及所取得的公司样本违规的情况，可以得到模型的对数似然函数：

$$
\begin{aligned}
L(\beta_F,\ \beta_D,\ \rho) &= \sum \log\Big( P\big(Fraud_{it} = 1\big)\Big) + \sum \log\Big( P\big(Fraud_{it} = 0\big)\Big) \\
&= \sum \{ Fraud_{it} \times \log[\Phi(\beta_F X_{Fit},\ \beta_D X_{Dit},\ \rho)] \\
&\quad + \big(1 - Fraud_{it}\big) \times \log[1 - \Phi(\beta_F X_{Fit},\ \beta_D X_{Dit},\ \rho)]\}
\end{aligned}
\tag{6.8}
$$

根据（6.8）式可以通过最大似然法来估计模型的参数。

由于 $X_{Fit}$ 和 $X_{Dit}$ 两组解释变量不能完全相同（Poirier，1980；陆瑶和胡江燕，2016；孟庆斌等，2019），本章将采用两组变量分别解释违规倾向和违规稽查。将公司规模（Size）、公司股票年收益率（Yyret）、管理层持股比例（Mhold）、独立董事人数占比（Dir）、股权集中度（Top10）、两职合一（PLU）、国有控股（StateShrpct）、审计质量（Audit）、分析师跟踪程度（Analyst）、财务困境（Loss）作为违规倾向的解释变量；将资产负债率（Lev）、公司上市年限（Longt）、公司过去三年营业收入平均增长率（Growth）、行业托宾Q中位数（IndQ）、股票年换手率（Turnover）、股票周波动率的年均值（Retvol）、公司业绩（Ebitda）、曾经是否违规（Prefraud）、行业违规情况（Indufraud）作为违规稽查的解释变量。

根据前文研究变量和控制变量的选择，模型设定如下：

$$
\begin{aligned}
Incline^*_{it} &= \beta_F X_{Fit} + \mu_{it} = \alpha_{F0} + \alpha_{F1} ATPD_{it} + \alpha_{F2} Size_{it} + \alpha_{F3} Yyret_{it} \\
&\quad + \alpha_{F4} Mhold_{it} + \alpha_{F5} Dir_{it} + \alpha_{F6} Top10_{it} + \alpha_{F7} PLU_{it} + \alpha_{F8} StateShrpct_{it} \\
&\quad + \alpha_{F9} Audit_{it} + \alpha_{F10} Analyst_{it} + \alpha_{D11} Loss_{it} + \mu_{it}
\end{aligned}
\tag{6.9}
$$

$$
\begin{aligned}
Detect^*_{it} &= \beta_D X_{Dit} + v_{it} = \alpha_{D0} + \alpha_{D1} ATP_{it} + \alpha_{D2} Lev_{it} + \alpha_{D3} Longt_{it} + \alpha_{D4} Growth_{it} \\
&\quad + \alpha_{D5} IndQ_{it} + \alpha_{D6} Turnover_{it} + \alpha_{D7} Retvol_{it} + \alpha_{D8} Ebitda_{it} \\
&\quad + \alpha_{D9} Prefraud_{it} + \alpha_{D10} Indufraud_{it} + \alpha_{D11} Audit_{it} + \alpha_{D12} Analyst_{it} + v_{it}
\end{aligned}
\tag{6.10}
$$

其中，$Incline^*_{it}$ 反映公司的违规倾向，$Detect^*_{it}$ 反映公司违规稽查的概率；ATPD为企业设置反收购条款的哑变量；下面则根据（6.9）式和（6.10）式回归获得的回归系数 $\alpha_{F1}$、$\alpha_{D1}$ 显著为正，说明设置反收购条款会助长企业的违规倾向以及增加公司违规被稽查的概率。

本章以违规倾向（Incline）、违规稽查（Detect）为因变量，以是否设置反收购条款（ATPD）作为自变量，公司违规（Fraud_firm）、管理层违规（Fraud_m）和控股股东违规（Fraud_s）作为被解释变量，对公司规模等财务指标、管理层持股比例等公司治理指标、行业和年度进行了控制后，运用Bivariate Probit模型进行多元回归分析，结果见表6-6。

表6-6　　基于Bivariate Probit模型的检验结果

| 变量 | Fraud_firm | | Fraud_m | | Fraud_s | |
|---|---|---|---|---|---|---|
| | Incline_firm | Detect_firm | Incline_m | Detect_m | Incline_s | Detect_s |
| | (1) | (2) | (3) | (4) | (5) | (6) |
| ATPD | 0.534** | -0.106 | 0.354*** | 0.120*** | 0.616** | -0.568* |
| | (2.200) | (-1.181) | (3.104) | (3.272) | (2.225) | (-1.720) |
| Constant | 1.109 | -1.621*** | 4.172*** | -2.226*** | 0.199 | 0.563 |
| | (1.591) | (-8.491) | (5.583) | (-23.834) | (0.382) | (1.149) |
| Control | YES | YES | YES | YES | YES | YES |
| Year/Ind | YES | YES | YES | YES | YES | YES |
| N | 31 073 | 31 073 | 31 073 | 31 073 | 31 073 | 31 073 |

注：***、**、*分别表示回归系数在1%、5%、10%的水平上显著。

实证结果表明，是否设置反收购条款（ATPD）与公司违规倾向（Incline_firm）的系数为0.534，在5%的水平上显著正相关，说明公司设置反收购条款后，上市公司的违规倾向变高。同样，反收购条款与管理层违规倾向（Incline_m）的系数为0.354，在1%的水平上显著正相关，验证了假设6-1。同时，反收购条款与管理层违规稽查（Detect_m）的系数为0.120，在1%的水平上显著正相关。最后，反收购条款与控股股东违规倾向（Incline_s）的系数为0.616，在5%的水平上显著正相关，说明公司设置反收购条款后，控股股东并没有专注于长期价值创造，反而增加了掏空公司和侵占中小股东利益的行为。同时，反收购条款与控股股东违规稽查（Detect_s）的系数为-0.568，在10%的水平上显著负相关，说明设置反收购条款后，控股股东违规的行为更加不易被发现和被稽查。限于篇幅在此未赘述控制变量回归结果。

## 6.5 稳健性检验

### 6.5.1 倾向得分匹配法

设置反收购条款的公司与未设置反收购条款的公司可能本身就存在样本选择性偏差，如大部分违规倾向严重的公司更倾向于设置反收购条款，导致其违规程度大于未设置反收购条款的公司，从而影响最后的回归结果。为了解决这种问题，本章采用1∶1不放回的PSM在0.01半径内为每个设置反收购条款的公司（实验组）匹配一个与其特征极为相似且未设置过反收购条款的公司。控制组PSM后的回归结果表明反收购条款与上市公司违规（Fraud）和违规频率（Frequency）的回归系数均显著为正，由此可知，反收购条款不仅增强了企业违规的倾向，还增加了企业违规的频率。限于篇幅在此未赘述稳健性检验回归结果。

### 6.5.2 Heckman两阶段模型

上市公司设置反收购条款可能受到一些未知、不可观测到的因素影响，即样本本身存在选择偏误，违规行为更多的公司会通过设置反收购条款来免于自身被收购。Heckman两阶段模型的第一阶段模型如下：

$$ATPD_{it} = \varphi_0 + \varphi_1 Controls_{it} + \varphi_2 ROA_{it} + \varphi_3 ROE_{it} + \varphi_4 Board_{it} + \sum Year_{it} + \sum Industry_{it} + \varepsilon \tag{6.11}$$

其中，Control为控制变量，与前文一致。ATPD为反收购条款的哑变量，当企业设置反收购条款时为1，否则为0。

第二阶段模型如下：

$$Fraud_{it} = \varphi_0 + \varphi_1 ATPD_{it} + \varphi_2 Controls_{it} + \varphi_3 IMR_{it} + \sum Year_{it} + \sum Ind_{it} + \varepsilon \tag{6.12}$$

$$Frequency_{it} = \varphi_0 + \varphi_1 ATPD_{it} + \varphi_2 Controls_{it} + \varphi_3 IMR_{it} + \sum Year_{it} + \sum Ind_{it} + \varepsilon \tag{6.13}$$

其中，Control为控制变量，与检验模型（6.1）相同。回归结果显示，是否设置反收购条款（ATPD）与上市公司违规（Fraud）的回归系数为0.499，在1%的水平上显著为正；是否设置反收购条款与上市公司违规频率（Frequency）的回归系数显著为正。此外，逆米尔斯比率（IMR）与上市公司违规、上市公司违规频率的回归结果显著，说明本章可能存在一定的样本选择性偏误。综上所述，Heckman两阶段模型在一定程度上排除了本章的内生性问题，进一步提高了本章结论的可靠性。

### 6.5.3 固定效应模型

虽然本章在主检验模型中可能存在一些遗漏变量，进而导致结论受到内生性的影响，如某些遗漏变量同时影响到公司章程中反收购条款的设置以及公司是否发生违规行为等。从回归结果可知是否设置反收购条款（ATPD）与上市公司违规（Fraud）的回归系数为0.389，在1%的水平上显著；反收购条款与上市公司违规频率（Frequency）的回归系数显著为正。由此可知，固定效应模型在一定程度上排除了可能存在的内生性问题，进一步验证了本章的假设6-1。

### 6.5.4 改变模型的估计方法

为了使得研究结论更加可靠稳定，本章还采用了更换模型的方法来重新进行回归，首先，当因变量为上市公司是否违规（Fraud）时，借鉴陆瑶和李茶（2016）的研究，采用Conditional Logit模型进行回归，验证反收购条款对上市公司违规的影响。其次，当因变量为上市公司违规频率（Frequency）时，借鉴孟庆斌等（2019）的研究，采用零膨胀负二项模型进行回归，验证反收购条款对上市公司违规频率的影响。零膨胀负二项模型在样本数据存在较多的“0”值时，能够输出更可靠稳定的结果。Conditional Logit模型的回归结果显示，是否设置反收购条款（ATPD）与上市公司违规（Fraud）的回归系数为0.598，在1%的水平上显著为正。零膨胀负二项模型的回归系数显著为正，回归结果与本章的回归结果一致。

由于在样本期间内平均只有12.8%的上市公司发生了违规行为，因此可能存在稀有事件偏差而导致回归结果存在偏误。对于因变量为上市公司是否违规时，本章采用稀有事件Logistic模型和补对数-对数模型进行重新检验；当因变量为上市公司违规频率（Frequency）时，采用零膨胀泊松模型进行回归。结果显示上市公司是否违规（Fraud）的系数在两个模型之中均为正，且在1%的水平上显著。由此说明公司章程中设置反收购条款促进了公司违规倾向，增加了公司违规的频率。

### 6.5.5 更换变量

本章采用反收购条款数量（ATP）作为自变量的衡量指标。反收购条款数量与上市公司违规（Fraud）的回归系数为0.073，在1%的水平上显著为正；反收购条款数量与上市公司违规频率（Frequency）的回归系数为0.086，在1%的水平上显著为正。由此可知，在更换自变量衡量指标之后，回归结果依然与本章基本回归结果一致。

## 6.6 作用机制分析

### 6.6.1 管理层机会主义行为

管理层的目标是享受更多的非货币性福利和得到更多的薪酬奖金，而控股股东的目标是管理层能够经营好公司，使公司价值最大化，两者的利益发生了冲突。控制权市场理论可以影响企业的收购行为，外部的市场监督有助于缓解公司内部的代理冲突。上市公司设置反收购条款反而增强了企业的控制能力，巩固了管理层的地位，公司受到控制权市场的监督效用会被削弱，即管理层受到控制权市场的约束作用变小，管理层失去了动力去创造公司价值，高管会产生更多的私利行为，发生更多的违规。公司章程中设置反收购条款加剧了公司内部产生的委托代理问题，增加了第一类代理成本，进而导致公司发生更多的违规行为。

为验证公司章程设置反收购条款通过增加股东和高管间代理成本进而促进公司违规倾向的论断，采用温忠麟等（2004）的中介效应检验模型设计如下：

$$Agency\_m_{it} = \varphi_0 + \varphi_1 ATPD_{it} + \varphi_2 Controls_{it} + \sum Year_{it} + \sum Ind_{it} + \varepsilon \quad (6.14)$$

$$Fraud_{it}/Frequency_{it} = \varphi_0 + \varphi_1 ATPD_{it} + \varphi_2 Controls_{it} + \sum Year_{it} + \sum Ind_{it} + \varepsilon \quad (6.15)$$

其中，Agency_m代表股东与管理层之间的代理成本，也是中介效应模型中的中介变量，具体参考罗进辉等（2017）的研究，采用（（管理费用+销售费用）/营业收入）来度量。

回归结果见表6-7。第（1）列显示是否设置反收购条款（ATPD）与股东与管理层之间的代理成本（Agency_m）的回归系数为0.356，在5%的水平上显著为正，这表明公司章程中反收购条款的设置增加了股东与管理层之间的代理成本；在第（2）列和第（3）列中，是否设置反收购条款（ATPD）与管理层之间的代理成本（Agency_m）的系数均显著，并且是否设置反收购条款（ATPD）的回归系数的绝对值相较于基准回归结果中的回归系数更小，说明在反收购条款促进公司违规倾向的过程中，管理层代理成本起到了部分中介作用。限于篇幅在此未赘述控制变量回归结果。

表6-7　　管理层代理成本中介效应模型的检验结果

| 变量 | Agency_m | Fraud | Frequency |
|---|---|---|---|
| | (1) | (2) | (3) |
| ATPD | 0.356** | 0.082** | 0.149*** |
| | (1.992) | (2.132) | (5.669) |
| Agency_m | | 0.597*** | 0.424*** |
| | | (7.366) | (9.523) |
| Constant | 4.900 | -2.663*** | -2.201*** |
| | (1.239) | (-5.588) | (-6.961) |
| Control | YES | YES | YES |
| Year/Ind | YES | YES | YES |
| N | 31 073 | 31 073 | 31 073 |
| $Adj\text{-}R^2$ | 0.173 | 0.157 | 0.183 |

注：***、**、*分别表示回归系数在1%、5%、10%的水平上显著。

### 6.6.2 控股股东掏空主义行为

我国上市公司普遍存在控股股东，不同于西方大部分上市公司股权分散的特点，我国上市公司中更严重的是第二类委托代理问题。正是控制权市场的监督作用，可以使得管理不善、效率低下的公司吸引到新的投资者来替换原有的控股股东。由于反收购条款的存在，控制权市场约束控股股东的作用被削弱。此时，控股股东掏空上市公司的动机更强，公司违规行为发生的可能性也就更高。公司章程中设置反收购条款通过减弱对控股股东掏空主义行为的约束，增加了第二类代理成本，助长了公司的违规行为。

为验证公司章程中设置反收购条款通过增加控股股东与中小股东间的代理成本进而促进公司违规倾向的论断，本章设置如下中介效应检验模型：

$$Agency\_s_{it} = \varphi_0 + \varphi_1 ATPD_{it} + \varphi_2 Controls_{it} + \sum Year_{it} + \sum Ind_{it} + \varepsilon \quad (6.16)$$

$$Fraud_{it}/Frequency_{it} = \varphi_0 + \varphi_1 ATPD_{it} + \varphi_2 Controls_{it} + \sum Year_{it} + \sum Ind_{it} + \varepsilon \quad (6.17)$$

其中，Agency_s代表第二类代理成本。借鉴凌士显和白锐锋（2017）的研究，用（应收账款+长期应收账款+其他应收账款）/总资产来计量。这一指标越大，代理成本越高。

基于代理成本的中介效应模型回归结果见表6-8。表中第（1）列显示是否设置反收购条款（ATPD）与控股股东代理成本（Agency_s）的回归系数为0.470，在1%的水平上显著为正，这表明反收购条款增加了第二类代理成本；第（2）列和第（3）列中，是否设置反收购条款（ATPD）和控股股东代理成本（Agency_s）的系数均显著，并且是否设置反收购条款的回归系数的绝对值相较于基准回归结果中的回归系数更小，说明在反收购条款助长公司违规倾向的过程中，控股股东代理成本起到了部分中介作用。综上所述，公司章程中设置反收购条款通过增加控股股东与中小股东的代理成本，助长了上市公司的违规行为。限于篇幅在此未赘述控制变量回归结果。

表6-8　控股股东代理成本中介效应模型的检验结果

| 变量 | Agency_s | Fraud | Frequency |
| --- | --- | --- | --- |
| | (1) | (2) | (3) |
| ATPD | 0.470*** | 0.105*** | 0.161*** |
| | (2.733) | (2.757) | (6.124) |
| Agency_s | | 1.013*** | 0.789*** |
| | | (6.598) | (8.549) |
| Constant | 5.470 | -2.806*** | -2.245*** |
| | (1.437) | (-5.855) | (-7.060) |
| Control | YES | YES | YES |
| Year/Ind | YES | YES | YES |
| N | 31 073 | 31 073 | 31 073 |
| Adj-$R^2$ | 0.163 | 0.157 | 0.183 |

注：***、**、*分别表示回归系数在1%、5%、10%的水平上显著。

## 6.7 异质性分析

### 6.7.1 股权集中度

在委托代理理论框架下，控股股东有动力专注于公司的长期发展，提高公司的运行效率和投资回报率，最大程度保证公司价值最大化。因此，股权集中度的提高能够增强控股股东对管理层的监督，而在股权集中度较低的企业中管理层可能进行更多的机会主义行为，发生更多的违规行为。同时，在第一大股东持股比例较低时，第一大股东的实际控制权和所有权分离状态较为显著，第一大股东有动机通过其控股地位对中小股东利益进行侵占，进而发生更多的违规行为。

本章按照股权集中度的中位数将样本分为两组，表6-9为分组后的回归结果。表中的回归结果显示，当股权集中度较高时，是否设置反收购条款（ATPD）与上市公司违规（Fraud）的回归系数为0.061，并不显著；是否设置反收购条款与上市公司违规频率（Frequency）的回归系数为0.036，同样不显著。当股权集中度较低时，是否设置反收购条款（ATPD）与上市公司违规（Fraud）的回归系数为0.114，在5%的水平上显著为正；是否设置反收购条款（ATPD）与上市公司违规频率（Frequency）的回归系数为0.121，在1%的水平上显著为正。由此说明，当股权集中度较低时，公司章程中设置反收购条款更容易助长上市公司违规行为的发生。限于篇幅在此未赘述控制变量回归结果。

表6-9 基于股权集中度的检验结果

| 变量 | 股权集中度高 | | 股权集中度低 | |
|---|---|---|---|---|
| | Fraud | Frequency | Fraud | Frequency |
| | (1) | (2) | (3) | (4) |
| ATPD | 0.061 | 0.036 | 0.114** | 0.121*** |
| | (0.971) | (1.169) | (2.198) | (3.634) |
| Constant | -2.259** | -1.598** | -2.368 | -2.513*** |
| | (-2.075) | (-2.002) | (-1.585) | (-6.161) |
| Control | YES | YES | YES | YES |
| Year/Ind | YES | YES | YES | YES |
| N | 15 546 | 15 546 | 15 527 | 15 527 |
| Adj-$R^2$ | 0.170 | 0.168 | 0.184 | 0.168 |

注：***、**、*分别表示回归系数在1%、5%、10%的水平上显著。

### 6.7.2 产权性质

自我国股权分置改革以来，虽然国有资本持股比例有所下降，但是相对于西方国家，我国国有资本持股处于主导地位。国有企业在融资和投资等方面相较于民营企业具有较大的优势。正是由于国有企业性质的不同，对于国有企业的收购非常复杂，种种特征均会影响反收购条款对公司违规的作用程度。除此以外，国有企业的管理层大多由上级委派，并非在充分竞争的市场环境中选拔出来，因此相较于民营企业，国有企业的管理层面临被取代的压力更小。基于以上分析，本章预测在民营企业的公司章程中设置反收购条款对公司违规行为的作用程度更大。

本章按照产权性质不同进行分组回归，回归结果见表6-10。从回归结果可以看出，在国有企业中，是否设置反收购条款（ATPD）与上市公司违规（Fraud）的回归系数为0.101，并不显著；反收购条款与上市公司违规频率（Frequency）的回归系数为0.081，同样不显著。而在民营企业中，是否设置反收购条款与上市公司违规（Fraud）的回归系数为0.086，在10%的水平上显著为正；反收购条款与上市公司违规频率的回归系数为0.117，在1%的水平上显著为正。由此可见，在民营企业中公司章程设置反收购条款对上市公司违规行为的影响更加显著。限于篇幅在此未赘述控制变量回归结果。

表6-10 **基于产权性质的检验结果**

| 变量 | 国有企业 | | 民营企业 | |
|---|---|---|---|---|
| | Fraud | Frequency | Fraud | Frequency |
| | (1) | (2) | (3) | (4) |
| ATPD | 0.101 | 0.081 | $0.086^{*}$ | $0.117^{***}$ |
| | (1.375) | (1.454) | (1.881) | (3.731) |
| Constant | $-2.883^{***}$ | $-3.062^{***}$ | $-3.734^{***}$ | $-2.851^{***}$ |
| | (-2.739) | (-4.527) | (-6.128) | (-7.305) |
| Control | YES | YES | YES | YES |
| Year/Ind | YES | YES | YES | YES |
| N | 12 801 | 12 801 | 18 272 | 18 272 |
| Adj-$R^2$ | 0.188 | 0.155 | 0.148 | 0.164 |

注：$^{***}$、$^{**}$、$^{*}$分别表示回归系数在1%、5%、10%的水平上显著。

### 6.7.3 法治环境

前文从公司内部环境分析反收购条款对公司违规的影响程度，本部分将从外部环境进一步探讨反收购条款对公司违规的作用。从外部环境来看，公司违规行为的发生受到地区法治环境的影响，其一，在资本市场的法治环境良好时，对于中小投资者的保护程度较大，从而将抑制控股股东对于中小股东的利益侵占行为，降低两者的代理成本。其二，公司经营所在地的法治环境较好，那么相关的法律规定就比较完善，对于违规后的处罚也更为严格，从违规成本而言，公司违规可能要付出更大的代价，那么公司可能更倾向于发生更少的违规行为。其三，在法治环境较好的地区，人们普遍法律意识比较强，守法护法已经成为文明社会和基本价值的判断标准，那么对于上市公司而言，公司也会减少违规行为。还有相关学者认为，法治环境的提高具备其他正面作用，例如可以降低盈余管理（陈克兢，2017）。基于以上分析，本章预测在法治环境较差的地区，公司章程中设置反收购条款对于公司违规行为的影响更加明显。

借鉴以往相关的研究文献，本章根据《中国分省份市场化指数报告（2018）》将样本分为法治环境较好和法治环境较差的两个样本组。分组回归结果见表6-11，在法治环境较好的组中，是否设置反收购条款（ATPD）与上市公司违规（Fraud）的回归系数为0.015，并不显著；是否设置反收购条款（ATPD）与上市公司违规频率（Frequency）的回归系数为0.060，同样不显著。在法治环境较差的组中，是否设置反收购条款的回归系数均显著为正。回归结果验证了本章的预测。由此可见，在法治环境较差的地区中，公司章程中设置反收购条款对于公司违规行为的影响更加显著。限于篇幅在此未赘述控制变量回归结果。

表6-11 **基于法治环境的检验结果**

| 变量 | 法治环境较好 | | 法治环境较差 | |
|---|---|---|---|---|
| | Fraud | Frequency | Fraud | Frequency |
| | (1) | (2) | (3) | (4) |
| ATPD | 0.015 | 0.060 | 0.144*** | 0.169*** |
| | (0.252) | (1.417) | (2.803) | (4.701) |
| Constant | -1.304 | -2.120*** | -1.982*** | -1.593*** |
| | (-1.399) | (-4.132) | (-3.004) | (-3.566) |
| Control | YES | YES | YES | YES |
| Year/Ind | YES | YES | YES | YES |
| N | 15 382 | 15 382 | 15 691 | 15 691 |
| $Adj\text{-}R^2$ | 0.181 | 0.162 | 0.161 | 0.175 |

注：***、**、*分别表示回归系数在1%、5%、10%的水平上显著。

# 第四篇　公司决策篇

# 第7章　反收购条款与企业投资效率

## 7.1　研究问题的提出

投资是企业一项重要的财务活动，高效率的投资有利于促进企业健康发展和创造股东财富，但是很多时候投资活动也成了管理层谋求私利的主要手段。此时，从投资视角出发考察反收购条款可能存在的价值创造效应和私利攫取效应显得尤为重要，但相关文献凤毛麟角。从理论上看，反收购条款对企业投资的影响可能存在两种截然相反的论断：一方面，反收购条款影响企业投资可能存在价值创造效应。反收购条款可以缓解公司控制权市场带来的业绩压力和职位威胁，管理层会将资源配置到有利于公司价值增长的效率投资中。除此之外，反收购条款可以确保管理团队的稳定性，为其获取投资收益提供可能；另一方面，反收购条款影响企业投资可能存在私利攫取效应。反收购条款会削弱公司控制权市场的治理作用，增强管理层的“帝国建造”动机，出现过度投资的现象。同时，反收购条款也可能诱使管理层享受“安逸生活”，导致管理层不愿意承担项目投资的风险，进而造成企业出现投资不足的现象。我国的外部治理环境比较薄弱，企业面临严重的双重委托代理问题。在这样的制度背景下，反收购条款可能更多地扮演私利攫取的角色。然而，现有理论文献并未给出明确的说明，这为本章提供了一个难得的研究契机。

## 7.2 理论分析与研究假设

（1）价值创造假设

由于信息不对称的存在，外部投资者无法精准估算长期投资项目的价值。管理层进行长期投资可能导致公司价值被低估，进而使得公司沦为收购方围猎的对象。此时，控制权市场会给管理层带来职业威胁，因为在公司被收购之后表现不佳的管理者往往会失去现有的职位（Morck等，1989）。因此，出于对自身职业生涯的担忧，管理层会更加关注公司短期收益（Dechow和Skinner，2000），有时甚至会通过盈余管理来实现预期收益（Bushee，1998）。反收购条款可以增加外部投资者敌意收购的成本，缓解管理层来自控制权市场的压力和威胁，引导管理层减少短视行为（Stein，1988），为价值投资活动营造一个宽松的环境（Johnson和Rao，1997；Chemmanur和Tian，2018）。设置反收购条款的企业可以远离控制权市场压力，此时管理层会削减低效率的投资，转而将资源更多地配置到有利于公司价值增长的效率投资中，例如创新投资（Chemmanur和Tian，2018；陈克兢等，2021）、客户和供应商的专属投资（Cen等，2016）等。另外，外部投资者的收购压力会增加管理层的职业危机感，不利于公司管理层团队的稳定，进而减弱管理层进行价值投资的动力（Shleifer和Summers，1988）。这是因为价值投资往往需要较长的时间才能获得收益，而敌意收购会导致管理层无法享受价值投资带来的收益。此时，反收购条款可以确保公司管理团队的稳定性（Bhojraj等，2017；罗进辉等，2018），为管理层获取效率投资的长期收益提供保障，有效地提高了管理层进行效率投资的动力。整体而言，反收购条款可以减轻管理层的职业威胁，提升管理层进行价值投资的动力。因此，本章提出如下研究假设：

研究假设7-1（价值创造假设）：反收购条款具有价值创造效应，即反收购条款会提高企业投资效率。

（2）私利攫取假设

由于委托代理关系的存在，出于个人私利的考虑，管理层可能造成企业投资效率下降（Jesen，1986）。一方面，管理层具有“帝国建造”的倾向（Jesen，1986），通过投资净现值小于零的项目来控制更多的资源和获取更大的收益。另一方面，当私人成本高于私人收益的时候，管理层则会放弃净现值大于零的投资项目，造成企业投资不足。道德风险理论认为管理层是自利的（吴育辉和吴世农，2010），公司控制权市场在一定程度上可以对管理层私利行为产生有效监督（Manne，1965；Fama，1980）。然而，反收购条款的设置却会削弱公司控制权市场的治理作用，加剧管理层的私利行为（Bertrand和Mullainathan，2003；Bebchuk和Cohen，2005；曾燕等，2018；陈克兢等，2021），导致企业投资效率下降。设置反收购条款的企业受到来自公司控制权市场的威胁较小，内部人控制问题会较为严重。此时，管理层会偏好进行次优投资决策或损毁价值的并购活动（徐明亮和袁天荣，2018），通过“帝国建造”来谋求个人私利。另外，反收购条款可能会为管理层享受“安逸生活”提供庇护（Frattaroli，2020）。此时，考虑到已经享有的“安逸生活”，管理层不愿意承担投资项目的风险（曾燕等，2018），进而导致公司放弃净现值大于零的投资项目。综合而言，反收购条款会加剧内部人控制，进而导致企业投资效率下降。因此，本章提出如下研究假设：

研究假设7-2（私利攫取假设）：反收购条款具有私利攫取效应，即反收购条款会降低企业投资效率。

## 7.3 研究设计

### 7.3.1 样本选择与数据来源

本章以2003年至2019年中国沪深A股上市公司为研究对象，在删除ST和*ST公司、金融类公司和数据无法获得的公司之后，最终获得3 496家上市公司的34 366个年度观测样本。反收购条款来自本书构建的反收购条款数据库，企业层面数据来自CSMAR和CNRDS。

### 7.3.2 变量定义与计量

（1）被解释变量

企业非效率投资IE：本章参考Biddle等（2009）和王克敏等（2017）的模型，采用分年度、分行业回归获得的残差项绝对值来衡量投资效率，该变量为反向指标。

（2）解释变量

反收购条款ATP：ATP为公司章程中设置反收购条款的数量。反收购条款具体包括限制董事提名权（DNTS）、错列董事会（SB）、董事资格审查（BQE）、限制董事任职资格（DNQL）、限制股东提案权（GMP）、信息披露（DR）、绝对多数条款（AM）、限制股东召集和主持股东大会（RCSM）、降落伞（GP）、明确反收购（CAT）、法律诉讼（LP）、股权结构调整（ESA）、白衣骑士（WK）和帕克曼式防御（PD）。

（3）控制变量

为了控制其他变量对企业投资的影响，本章参考李延喜等（2015）、王克敏等（2017）的研究设置了众多控制变量，变量定义见表7-1。

表7-1 变量定义

| 变量名称 | 变量符号 | 变量解释 |
|---|---|---|
| 非效率投资 | IE | Biddle等（2009）、王克敏等（2017）模型的残差绝对值，该值越大表明企业投资效率越低 |
| 反收购条款 | ATP | 企业设置反收购条款的数量 |
| 企业规模 | Size | 总资产的自然对数 |
| 企业年龄 | Age | 企业上市年限加1的自然对数 |
| 成长能力 | Growth | 营业收入增长率 |
| 偿债能力 | Lev | 资产负债率 |
| 盈利能力 | ROA | 总资产收益率 |
| 现金流量 | CF | 经营活动现金流量净额/总资产 |
| 股权集中度 | Top1 | 第一大股东持股比例 |
| 独立董事比例 | ID | 独立董事人数/董事会人数 |
| 产权性质 | SOE | 国有企业赋值为1，否则赋值为0 |
| 行业 | Ind | 行业哑变量 |
| 年度 | Year | 年度哑变量 |

### 7.3.3 模型设计

为了考察反收购条款影响企业投资效率可能存在的价值创造假设和私利攫取假设，本章设置模型如下：

$$\begin{aligned} IE_{it} = {} & \alpha_0 + \alpha_1 ATP_{it} + \alpha_2 Size_{it} + \alpha_3 Growth_{it} + \alpha_4 Lev_{it} + \alpha_5 ROA_{it} + \alpha_6 CF_{it} \\ & + \alpha_7 Age_{it} + \alpha_8 Top1_{it} + \alpha_9 ID_{it} + \alpha_{10} SOE_{it} + \sum Industry + \sum Year + \varepsilon \end{aligned} \tag{7.1}$$

其中，IE为企业非效率投资，ATP为公司章程中设置反收购条款的数量。如果反收购条款的回归系数$\alpha_1$显著为正，说明反收购条款可以提升企业投资效率，即价值创造假设占主导地位；反之说明反收购条款会抑制企业投资效率，即私利攫取假设占主导地位。

# 7.4 实证结果与分析

## 7.4.1 描述性统计分析

从表7-2中的结果可知，企业非效率投资IE的均值为0.066。由此可知，本章研究样本企业实际投资效率与期望投资效率的平均差异是6.6%。反收购条款数量的均值为0.498，这说明本章研究样本平均设置了0.498个反收购条款，大部分上市公司并未设置反收购条款。限于篇幅在此未赘述控制变量的描述性统计结果。

表7-2 描述性统计结果

| 变量 | 样本量 | 均值 | 标准差 | 最小值 | P25 | 中位数 | P75 | 最大值 |
|---|---|---|---|---|---|---|---|---|
| IE | 34 366 | 0.066 | 0.080 | 0.001 | 0.017 | 0.038 | 0.085 | 0.471 |
| ATP | 34 366 | 0.498 | 0.881 | 0.000 | 0.000 | 0.000 | 1.000 | 12.000 |

## 7.4.2 相关性检验

表7-3统计了主要变量之间的Pearson和Spearman相关系数。由表中结果可知，本章主要变量之间的相关系数均远小于0.6，方差膨胀因子均远小于10。由此可知，主要研究变量之间不存在多重共线性问题。同时，反收购条款与企业非效率投资的相关系数均显著为正，这也初步证实了本章的私利攫取假设。

## 7.4.3 回归结果分析

本章探讨了反收购条款对企业投资的影响，回归结果见表7-4。从表7-4可以看出，反收购条款的回归系数在1%的水平上显著。这表明，反收购条款会降低企业的投资效率，即反收购条款会沦为管理层谋求私利的保护伞，验证了本章的私利攫取假设。本章证实反收购条款会对企业投资效率产生损害，支持管理防御假设的论断（Gompers等，2003；Bebchuk等，2009；Frattaroli，2020），也在一定程度上回答了陈玉罡和

表7-3 相关性检验结果

| 变量 | IE | ATP | Size | Age | Growth | Lev | ROA | CF | Top1 | ID | SOE |
|---|---|---|---|---|---|---|---|---|---|---|---|
| IE | 1 | $0.016^{***}$ | $-0.026^{***}$ | $-0.152^{***}$ | $0.090^{***}$ | $-0.042^{***}$ | $0.160^{***}$ | $0.177^{***}$ | $0.056^{***}$ | -0.005 | $-0.040^{***}$ |
| ATP | $0.015^{***}$ | 1 | $0.116^{***}$ | $0.128^{***}$ | $-0.038^{***}$ | $-0.043^{***}$ | $0.014^{***}$ | $0.019^{***}$ | $-0.064^{***}$ | $0.038^{***}$ | $-0.066^{***}$ |
| Size | $-0.049^{***}$ | $0.087^{***}$ | 1 | $0.389^{***}$ | $0.092^{***}$ | $0.389^{***}$ | $-0.036^{***}$ | $0.067^{***}$ | $0.144^{***}$ | $0.037^{***}$ | $0.264^{***}$ |
| Age | $-0.159^{***}$ | $0.108^{***}$ | $0.353^{***}$ | 1 | $-0.059^{***}$ | $0.363^{***}$ | $-0.267^{***}$ | $-0.019^{***}$ | $-0.098^{***}$ | -0.005 | $0.351^{***}$ |
| Growth | $0.072^{***}$ | $-0.015^{***}$ | $0.055^{***}$ | $0.028^{***}$ | 1 | $0.051^{***}$ | $0.247^{***}$ | $0.067^{***}$ | $0.020^{***}$ | $-0.013^{**}$ | $-0.011^{**}$ |
| Lev | $-0.059^{***}$ | $-0.038^{***}$ | $0.359^{***}$ | $0.376^{***}$ | $0.061^{***}$ | 1 | $-0.439^{***}$ | $-0.137^{***}$ | $0.033^{***}$ | $-0.032^{***}$ | $0.271^{***}$ |
| ROA | $0.127^{***}$ | $0.032^{***}$ | $0.040^{***}$ | $-0.208^{***}$ | $0.177^{***}$ | $-0.396^{***}$ | 1 | $0.376^{***}$ | $0.107^{***}$ | -0.006 | $-0.146^{***}$ |
| CF | $0.156^{***}$ | $0.020^{***}$ | $0.065^{***}$ | 0.001 | $0.024^{***}$ | $-0.144^{***}$ | $0.336^{***}$ | 1 | $0.099^{***}$ | $-0.031^{***}$ | $0.029^{***}$ |
| Top1 | $0.055^{***}$ | $-0.079^{***}$ | $0.184^{***}$ | $-0.094^{***}$ | $0.026^{***}$ | $0.028^{***}$ | $0.115^{***}$ | $0.096^{***}$ | 1 | -0.006 | $0.253^{***}$ |
| ID | -0.008 | $0.024^{***}$ | $0.059^{***}$ | $-0.012^{**}$ | -0.007 | $-0.029^{***}$ | -0.006 | $-0.031^{***}$ | 0.005 | 1 | $-0.091^{***}$ |
| SOE | $-0.043^{***}$ | $-0.067^{***}$ | $0.284^{***}$ | $0.341^{***}$ | $-0.017^{***}$ | $0.262^{***}$ | $-0.082^{***}$ | $0.029^{***}$ | $0.255^{***}$ | $-0.089^{***}$ | 1 |
| VIF | — | 1.100 | 1.730 | 1.540 | 1.080 | 1.790 | 1.510 | 1.220 | 1.230 | 1.060 | 1.470 |

注：$^{***}$、$^{**}$、$^{*}$分别表示回归系数在1%、5%、10%的水平上显著。对角线右上方为Pearson相关系数，左下方为Spearman相关系数。

石芳（2014）关于反收购条款损害公司价值路径的疑问。另外，为了揭示反收购条款损害企业投资效率的具体形式，本章还检验了反收购条款对企业过度投资和投资不足的影响。从列（2）和列（3）的结果可知，在投资不足样本组中反收购条款数量ATP的回归系数并不显著，而在过度投资样本组中却显著为正。这表明反收购条款会加剧企业的过度投资而非投资不足，反收购条款可以为管理层通过“帝国建造”谋求个人私利的行为提供庇护，但是并不会诱使管理层享受“安逸生活”。同时，本章还设置了过度投资的哑变量Dummy，当企业过度投资时Dummy赋值为1；当企业投资不足时Dummy赋值为0。列（4）为Logit模型的回归结果，反收购条款数量ATP的回归系数在5%的水平上显著为正，进一步证实了前文的论断。限于篇幅在此未赘述控制变量回归结果。

表7-4　　反收购条款与企业投资效率的回归结果

| 变量 | FullSample | Under-investment Sample | Over-investment Sample | FullSample |
|---|---|---|---|---|
| | 因变量：IE | 因变量：IE | 因变量：IE | 因变量：Dummy |
| | (1) | (2) | (3) | (4) |
| ATP | 0.005*** | 0.002 | 0.005** | 0.066** |
| | (3.098) | (1.010) | (2.474) | (2.200) |
| Constant | 0.104*** | 0.066*** | 0.150*** | 1.708*** |
| | (6.034) | (9.748) | (6.466) | (3.043) |
| Control | YES | YES | YES | YES |
| Year/Ind | YES | YES | YES | YES |
| N | 34 366 | 23 490 | 10 867 | 34 366 |
| Adj-$R^2$ | 0.082 | 0.114 | 0.066 | 0.168 |

注：***、**、*分别表示回归系数在1%、5%、10%的水平上显著。

## 7.5 稳健性检验

### 7.5.1 PSM+DID

本章采用倾向得分匹配法PSM为首次设置反收购条款的样本寻找特征相似的控制组，采用DID重新检验。本章以首次设置反收购条款的上市公司为实验组，以从未设置反收购条款的上市公司为控制组，以主检验模型的控制变量为协变量，采用无放回一对一最近邻匹配为实验组在同年度寻找特征相似的控制组，在此基础上构建双重差分模型，具体如下：

$$IE = \beta_0 + \beta_1 Treat + \beta_2 Treat \times Post + \beta_3 Post + Controls + \varepsilon \tag{7.2}$$

其中，Treat为设置反收购条款的哑变量，当企业设置过反收购条款时Treat为1，否则为0；Post为首次设置反收购条款的时间变量，当企业处于反收购条款设置的当年及以后年度时Post为1，否则为0。

PSM+DID的回归结果显示，Treat×Post与企业投资效率IE的回归系数显著为正，这表明在设置反收购条款之后企业投资效率显著下降，进一步证实了反收购条款具有私利攫取效应，与前文的结论完全一致。限于篇幅在此未赘述稳健性检验回归结果。

“平行趋势假设”是采用双重差分模型的重要前提，即实验组和控制组样本在设置反收购条款之前具有相同的趋势特征。本章采用动态回归模型检验反收购条款设置对企业投资效率的影响，验证“平行趋势假设”是否成立。具体回归模型如下：

$$\begin{aligned} IE_{it} = {} & \beta_0 + \beta_1 Treat \times Year_{t-4} + \beta_2 Treat \times Year_{t-3} + \beta_3 Treat \times Year_{t-2} \\ & + \beta_4 Treat \times Year_{t-1} + \beta_5 Treat \times Year_t + \beta_6 Treat \times Year_{t+1} + \beta_7 Treat \\ & \times Year_{t+2} + \beta_8 Treat \times Year_{t+3} + \beta_9 Treat \times Year_{t+4} + \beta_{10} Treat \\ & + \beta_{11} Post + Controls + \varepsilon \end{aligned} \tag{7.3}$$

其中，$Year_{t-4}$至$Year_{t-1}$分别为企业首次设置反收购条款的前4年至前1年的虚拟变量。$Year_t$为企业首次设置反收购条款当年的虚拟变量。$Year_{t+1}$至$Year_{t+4}$为企业首次设置反收购条款的后1年至后4年的虚拟变量。从平行趋势检验结果可知，Treat×$Year_{t-4}$至Treat×$Year_{t-1}$的回归系数并不显著。$Treat \times Year_t$至$Treat \times Year_{t+4}$的回归系数分别在1%和5%的水平上显著为正。这说明对于首次设置反收购条款的企业而言，企业投资效率在设置反收购条款之后显著下降。上述结论表明，本章采用双重差分模型满足了“平行趋势假设”，这进一步证实了研究结论的可靠性。

为了更为直观地观测实验组和控制组投资效率的变化趋势，本章还绘制了平行趋势图。从图7-1中可以看出，$Treat \times Year_{t-4}$至$Treat \times Year_{t-1}$的回归系数并不显著异于0，这表明在设置反收购条款前实验组和控制组投资效率的变化趋势没有显著差异；而$Treat \times Year_t$至$Treat \times Year_{t+4}$的回归系数则显著异于0，这表明在设置反收购条款之后企业投资效率显著降低。

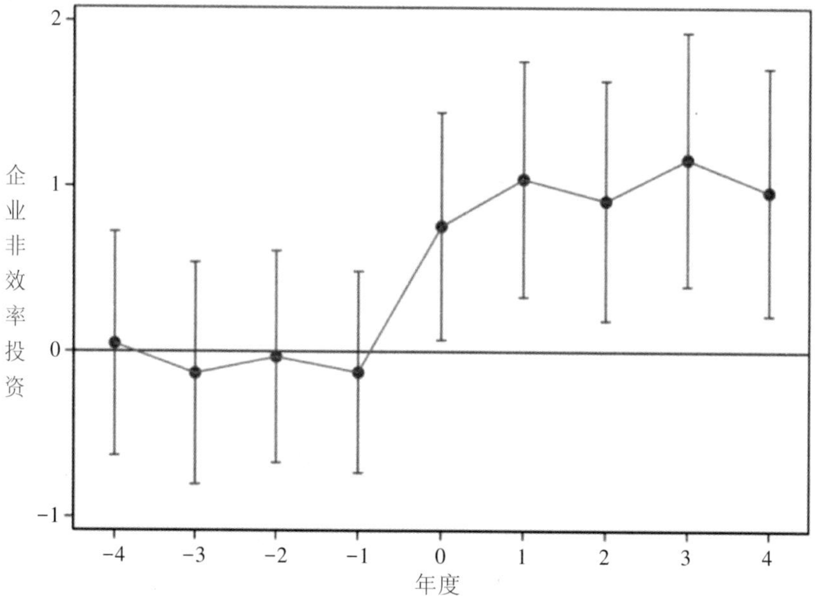


**图7-1 平行趋势图**

同时，为了检验PSM匹配的效果，本章绘制了匹配前后的密度函数图，具体见图7-2。从图中可知，在PSM之前实验组和控制组的密度函数存在一定差异，此时直接采用双重差分模型获得的结论可能有偏。在采用PSM匹配之后，实验组和控制组的密度函数极为相似，这表明PSM可以获得与设置反收购条款企业特征类似的控制组，为后续采用双重差分模型进行研究提供了前提基础。

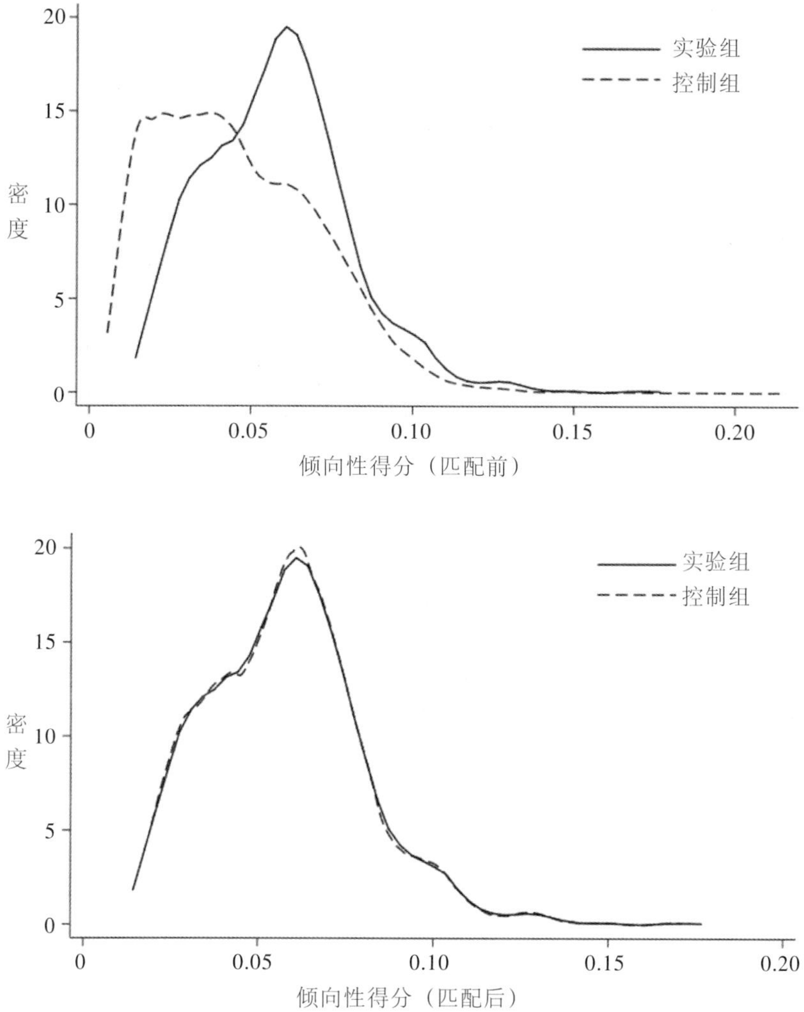


**图7-2　倾向性得分的匹配效果**

### 7.5.2　基于监管趋严的外生冲击

前文采用的PSM+DID方法只能控制可观测因素带来的样本选择性偏差问题，本章尝试借助外生冲击来控制不可观测因素对本书结论的影响。由于我国缺乏针对反收购条款的合法性规范，导致部分上市公司设置的反收购条款不当地维护了公司管理层的利益，因此证监会、上交所、深交所加强了对上市公司反收购条款的监管。迫于外部监管压力，众多上市公司在被交易所监管问询和证监会约谈后删除了公司章程中不合理的反收购条款。由此可见，2016年8月强化企业反收购条款监管事件是一个难得的外生冲击。

本章借助反收购条款监管趋严的外生冲击，以2016年之前设置反收购条款数量较多的上市公司样本为实验组，构建双重差分模型来检验外生冲击对企业投资效率的影响。具体检验模型如下：

$$IE = \xi_0 + \xi_1 Shock + \xi_2 Shock \times Post\_S + \xi_3 Post\_S + Controls + \varepsilon \tag{7.4}$$

其中，Shock为受到监管趋严外生冲击的实验组。$\frac{1}{n}\sum_{t=1}^{n} ATP_{it}$为企业i在外生冲击之前n年中设置反收购条款数量的平均值，当企业i的$\frac{1}{n}\sum_{t=1}^{n} ATP_{it}$大于所有企业平均值时Shock赋值为1，否则赋值为0。Post_S是外生冲击的时间虚拟变量，由于外生冲击发生在2016年8月，因此2017年及以后年度Post_S取值为1，否则取值为0。需要交代的是，为了识别外生冲击的影响，此处回归样本均为设置过反收购条款的企业。

Shock×Post_S的回归系数在1%的水平上显著为负，这表明监管趋严的外生冲击削弱了反收购条款对企业投资效率的负面影响，这从反面证明了本章的私利攫取假设。

### 7.5.3 工具变量法

为了进一步克服研究中可能存在的内生性问题，本章以同行业其他公司设置反收购条款数量的平均值Ind_ATP作为工具变量。在同一个行业内公司受到的控制权市场压力较为相似，因此同行业其他公司设置反收购条款数量的平均值Ind_ATP与公司反收购条款数量ATP有着密切的联系，符合工具变量的相关性要求。同时，同行业其他公司设置反收购条款数量的平均值Ind_ATP很难能影响到该公司的投资效率，符合工具变量的排他性要求。因此，在本章的研究背景下，同行业其他公司设置反收购条款数量的平均值Ind_ATP是一个较为合适的工具变量。工具变量法的回归结果显示，反收购条款数量ATP的回归系数依然显著为正。为了确保工具变量的有效性，本章还进行了如下检验：Cragg-Donald Wald F统计量为6 361.29，拒绝了存在弱工具变量的原假设； Kleibergen-Paap rk Wald F值为144.11，拒绝了识别不足的原假设。检验之后发现研究结论依然成立，进一步证实了本章的结论较为可靠。

### 7.5.4 熵平衡法

近年来，Hainmueller（2012）提出的熵平衡法在财务金融领域逐渐兴起，越来越多的实证研究采用该方法来辅助因果推断。与倾向得分匹配法通过计算倾向得分来寻找控制组的思路不同，熵平衡匹配是以约束条件下的最优解为思路，通过赋权来实现实验组和控制组在协变量分布矩的相似[①]。借鉴杨国超和芮萌（2020）、陈克兢等（2021）、Madsen和Mcmullin（2022）的类似研究，本章采用熵平衡法来解决样本选择性偏差问题。在未匹配之前不同样本组之间的公司特征在一阶矩条件（均值）、二阶矩条件（方差）、三阶矩条件（偏度）均存在差异，而在采用熵平衡法之后样本组之间的特征基本一致。反收购条款数量ATP的回归系数在1%的水平上为正，这表明在采用熵平衡法之后本章的结论依然可靠。

### 7.5.5 排除因变量计量可能导致的估计偏差

在财务金融领域中，众多文献以一阶段回归方程的残差来衡量二阶段回归方程的因变量，例如投资效率、盈余管理、超额收益等。但是，这种通过两阶段回归法来检验投资效率、盈余管理、超额收益的影响因素可能存在估计偏差（Chen等，2018）。针对这个问题，主要有如下两个解决方案：第一，借鉴Chen等（2018）和Ni（2020）的思路，在主检验模型中加入第一阶段模型所有的控制变量。本章采用Biddle等（2009）模型来衡量企业投资效率，该模型的控制变量为营业收入增长率。本章已经在主检验模型中对营业收入增长率予以控制，由此可以说明本章的研究结论较为可靠。第二，借鉴Chen等（2018）的方法，根

① 熵平衡法的优点在于：第一，可以保证实验组和控制组在协变量高阶矩上分布的相近性，而传统的PSM方法并不能确保这个效果；第二，熵平衡匹配过程中主观设定的参数只有迭代算法结果的宽容度，这可以有效规避PSM过程中众多主观设定细节的弊端。

据FWL定理分两步进行估计。第一步，分别估计第一阶段因变量INV、第二阶段自变量ATP和控制变量Controls关于第一阶段自变量Growth的残差项$\varepsilon_{INV}$、$\varepsilon_{ATP}$和$\varepsilon_{Controls}$。第二步，对$\varepsilon_{INV}$同时关于$\varepsilon_{ATP}$和$\varepsilon_{Controls}$进行回归。$\varepsilon_{ATP}$的回归系数在1%的水平上显著为正。这表明，在排除由于投资效率计量导致的估计偏差问题之后，本书的结论依然成立。

### 7.5.6 更换检验模型

本章参考Chen等（2021）、Mclean等（2012）的做法，构建如下检验模型：

$$Inv_{it} = \eta_0 + \eta_1 ATP_{i,t-1} + \eta_2 ATP_{i,t-1} \times TobinQ_{i,t-1} + \eta_3 TobinQ_{i,t-1} + Controls_{i,t-1} + \varepsilon \tag{7.5}$$

$$Inv_{it} = \gamma_0 + \gamma_1 ATP_{i,t-1} + \gamma_2 ATP_{i,t-1} \times Growth_{i,t-1} + \gamma_3 Growth_{i,t-1} + Controls_{i,t-1} + \varepsilon \tag{7.6}$$

其中，Inv为资本支出/年初总资产。TobinQ为托宾Q值，Growth为企业营业收入增长率，这两个变量反映企业的投资机会。

反收购条款与投资机会交乘项ATP×TobinQ、ATP×Growth的回归系数分别在5%和1%的水平上显著为负。这表明，反收购条款降低了企业资本投资支出与投资机会的敏感性，即反收购条款降低了企业的投资效率，验证了前文的研究结论。

### 7.5.7 更换变量

本章以Richardson（2006）模型残差绝对值作为企业投资效率的衡量指标，重新回归本书的模型（7.1）。在采用新的投资效率衡量指标之后ATP的回归系数在1%的水平上显著为正，与前文一致。

本章设置了是否设置反收购条款的哑变量ATPD，当企业设置反收购条款时ATPD赋值为1，否则赋值为0。ATPD的回归系数显著为正，支持本章的私利攫取假说。

### 7.5.8 控制遗漏变量的影响

本章分别采用一阶差分法和固定效应模型来排除遗漏变量问题

对本书结论造成的干扰。反收购条款数量的变动值ΔATP的回归系数显著为正；在控制公司固定效应之后反收购条款数量ATP的回归系数依然显著为正。整体而言，在排除遗漏变量的影响之后，本书的结论依然成立。

## 7.6 作用机制分析

私利攫取假说认为，反收购条款会巩固管理层的职位，加剧内部人控制问题，进而使得管理层可以利用非效率投资来谋求私利。为了验证上述理论的逻辑，本章借鉴Bhattacharya等（2012）的做法，采用结构方程模型来检验反收购条款影响企业投资效率的作用机制①。中介变量为内部人控制，具体包括如下两个变量：代理成本（AC），具体参考Ang等（2000）和陈克兢（2019）的做法，采用（管理费用+销售费用）/主营业务收入来计量；管理层超额薪酬（EC），具体参考Core等（1999）、王克敏等（2018）的研究，采用管理层薪酬减去应得薪酬来衡量②。表7-5列示了结构方程模型的检验结果，r［ATP，IE］为反收购条款与企业投资效率的总相关系数，p［ATP，IE］为直接路径系数，p［ATP，Insider Control］为反收购条款和内部人控制之间的路径系数，p［Insider Control，IE］为内部人控制与企业投资效率之间的路径系数。直接路径和中介路径的作用都非常重要，所有路径的影响均显著。其中，中介路径在总影响中占7.629%，其余影响均由反收购条款直接产生，这表明直接路径比中介路径的作用更为重要。整体而言，反收购条款可以直接或者间接通过内部人控制等两个路径来影响企业投资效率，该结论对于学术界和实务界全面认清反收购条款影响实体经济的传导路径有着重要的启示。

① 本书采用Stata命令sem（IE <- Insider Control ATP）（Insider Control <- ATP）进行模型估计，采用Stata命令来计算中介效应。

② 薪酬契约是化解第一类委托代理问题重要的措施，在薪酬契约完备的企业中管理层的实际薪酬与应得薪酬相等（Core等，1999）。管理层超额薪酬指的是管理层实际薪酬超过应得薪酬的程度，超额薪酬越高表明企业内部人控制越严重（Core等，1999；王克敏等，2018）。

表7-5 作用机制检验结果

| 变量 | 因变量：IE | | | |
|---|---|---|---|---|
| | Coefficient | | t-statistic | |
| r［ATP，IE］ | 0.0013*** | | 2.75 | |
| Direct Path | | | | |
| p［ATP，IE］ | 0.0012** | | 2.48 | |
| percentage | 92.308% | | | |
| Mediated Path | 中介路径：AC | | 中介路径：EC | |
| | Coefficient | t-statistic | Coefficient | t-statistic |
| p［ATP，Insider Control］ | 0.0127*** | 14.22 | 0.4773*** | 23.70 |
| p［Insider Control，IE］ | 0.0102*** | 3.41 | 0.0003* | 1.94 |
| Total Mediated Path | 0.0001*** | 3.32 | 0.0001* | 1.93 |
| percentage | 7.692% | | | |

注：***、**、*分别表示回归系数在1%、5%、10%的水平上显著。

## 7.7 异质性分析

### 7.7.1 反收购条款的特征

公司章程中反收购条款的种类繁多，不同类型反收购条款发挥的效应存在较大的差异。基于此，本章主要从反收购强度、反收购环节和直接受益主体三个角度出发，考察不同类型反收购条款对企业投资影响的差异。从表7-6中的描述性统计结果可知，不同类型反收购条款特征情况下企业的投资效率呈现较大的差异，这为后续的实证分析提供了初步证据。

表7-6　　基于条款特征差异的企业投资效率描述性统计结果

| 样本组 | | 样本量 | 均值 | 标准差 | P25 | 中位数 | P75 | t检验 |
|---|---|---|---|---|---|---|---|---|
| 反收购强度 | 强 | 10 694 | 0.064 | 0.078 | 0.017 | 0.038 | 0.083 | 0.006*** |
| | 弱 | 2 216 | 0.058 | 0.073 | 0.014 | 0.034 | 0.070 | |
| 反收购环节 | 事前 | 11 349 | 0.064 | 0.078 | 0.016 | 0.037 | 0.081 | 0.009*** |
| | 事中 | 394 | 0.055 | 0.067 | 0.017 | 0.035 | 0.072 | |
| 直接受益主体 | 管理层 | 10 684 | 0.064 | 0.078 | 0.016 | 0.037 | 0.082 | 0.004*** |
| | 其他 | 2 238 | 0.060 | 0.075 | 0.015 | 0.035 | 0.074 | |

注：***、**、*分别表示回归系数在1%、5%、10%的水平上显著。

（1）反收购强度

相对于反收购效应较弱的条款而言，反收购效应较强的条款对管理层的保护作用更大。外部投资者必须通过操控董事会来控制公司，但是如果被收购企业的公司章程中设置了董事选举程序、投票方式等反收购条款，将极大地提高外部投资者控制公司的难度（陈玉罡和石芳，2014）。本章按照反收购效应不同分别设置了反收购效应强条款SATP和反收购效应弱条款WATP等变量，其中SATP为企业设置绝对多数条款、错列董事会、限制董事任职资格、限制董事提名权、董事资格审查等条款的数量，WATP为企业设置其他类型反收购条款的数量。由表7-7中列（1）的结果可知，SATP的回归系数在5%的水平上显著为正，而WATP的回归系数则不显著。由此说明，相对于反收购效应薄弱的条款而言，反收购效应较强条款的私利攫取效应更加显著。

表7-7　　基于反收购条款特征的异质性分析结果

| 变量 | 反收购强度 | 反收购环节 | 直接受益主体 |
|---|---|---|---|
| | （1） | （2） | （3） |
| SATP | 0.004** | | |
| | （2.497） | | |
| WATP | 0.002 | | |
| | （0.556） | | |

续表

| 变量 | 反收购强度 | 反收购环节 | 直接受益主体 |
|---|---|---|---|
| | (1) | (2) | (3) |
| BATP | | 0.003*** | |
| | | (2.656) | |
| LATP | | 0.014 | |
| | | (1.572) | |
| MATP | | | 0.012*** |
| | | | (2.847) |
| NMATP | | | 0.001 |
| | | | (1.422) |
| Constant | 0.104*** | 0.103*** | 0.106*** |
| | (6.082) | (6.019) | (6.177) |
| Control | YES | YES | YES |
| Year/Ind | YES | YES | YES |
| N | 34 366 | 34 366 | 34 366 |
| Adj-$R^2$ | 0.081 | 0.081 | 0.084 |

注：***、**、*分别表示回归系数在1%、5%、10%的水平上显著。

（2）反收购环节

反收购条款按照所属的防御环节不同，可以分为事前防御条款和事中控制条款。事前防御条款可以有效地阻止收购者对公司的控制，这会增加成功收购的难度和成本，在事前降低公司被敌意收购发生的概率。事中控制条款是在公司已经遭遇敌意收购时采取的一些对抗措施，发挥的作用相对而言较弱。参考Ryngaer和Scholten（2010）的分类方法，本章按照反收购环节不同分别设置了事前防御条款BATP和事中控制条款LATP等变量，其中BATP为企业设置限制董事提名权、错列董事会、董事资格审查、限制董事任职资格、限制股东提案权、信息披露、绝对多数条款、限制股东召集和主持股东大会等条款的数量，LATP为企业设置其他类型反收购条款的数量。表7-7中列（2）的结果显示，BATP的回归系数显著为正，而LATP的回归系数不显著。这说明，相对于事中控制条款而言，事前防御条款带来的管理层私利攫取效应更为严重。

（3）直接受益主体

众多上市公司设置了与管理层任免相关的反收购条款，例如限制董事提名权、错列董事会、董事资格审查、限制董事任职资格、降落伞等条款。这些条款会增加"野蛮人"更换管理层的难度和成本，巩固管理层在企业中的职位，进而加剧内部人控制。在这种情况下，管理层的管理防御行为更为突出，即管理层会通过非效率投资来谋求私利（Shleifer和Vishny，1989）。本章按照受益主体不同分别设置了巩固管理层职位条款MATP和其他条款NMATP等变量，其中MATP为企业设置限制董事提名权、错列董事会、董事资格审查、限制董事任职资格、降落伞等条款的数量，NMATP为企业设置其他类型反收购条款的数量。从表7-7中的列（3）的结果可知，MATP的回归系数在1%的水平上显著为正，而NMATP的回归系数却并不显著。这表明，当企业巩固管理层职位的反收购条款越多时，企业的非效率投资问题越严重。限于篇幅在此未赘述控制变量回归结果。

### 7.7.2 公司股权特征

在不同公司特征情境下，反收购条款发挥的作用可能存在一定的差异。本章主要从产权性质、股权结构和实际控制人三个角度出发，考察不同类型反收购条款对企业投资影响的差异。表7-8中的描述性统计结果显示，不同产权性质、股权结构和实际控制人情况下企业投资效率确实存在显著的差异。

表7-8　　基于公司特征差异的企业投资效率描述性统计结果

| 样本组 | | 样本量 | 均值 | 标准差 | P25 | 中位数 | P75 | t检验 | |
|---|---|---|---|---|---|---|---|---|---|
| 产权性质 | 家族企业 | 17 538 | 0.061 | 0.074 | 0.016 | 0.036 | 0.077 | -0.003** | |
| | 国有企业 | 13 126 | 0.064 | 0.077 | 0.016 | 0.036 | 0.082 | | -0.012*** |
| | 其他民营企业 | 3 702 | 0.076 | 0.090 | 0.019 | 0.043 | 0.099 | | |
| 股权结构 | 集中 | 17 187 | 0.062 | 0.076 | 0.016 | 0.036 | 0.080 | -0.008*** | |
| | 分散 | 17 179 | 0.071 | 0.084 | 0.018 | 0.040 | 0.091 | | |
| 实际控制人 | 有 | 33 260 | 0.066 | 0.079 | 0.017 | 0.038 | 0.085 | -0.014*** | |
| | 无 | 1 106 | 0.080 | 0.111 | 0.018 | 0.039 | 0.091 | | |

注：***、**、*分别表示回归系数在1%、5%、10%的水平上显著。

（1）产权性质

为了细化反收购条款对不同产权性质企业的影响差异，本章将企业分为国有企业、家族企业和其他民营企业。首先，考虑到国有企业的特殊地位和性质，监管部门对于国有企业控制权转移有着较为严格的规定和限制①，在这种情况下国有企业被敌意收购的可能性较低。因此，国有企业设置反收购条款无法加剧内部人控制，此时反收购条款的私利攫取效应也较弱。其次，家族企业的管理层大部分为公司的股东或者股东的亲属，管理层与公司的利益高度一致。设置反收购条款可以确保家族企业控制权的稳定，进而有助于管理层利用自身的专用性人力资本来从事长期价值创造的投资活动（Subramaniam和Youndt，2005）。因此，反收购条款在家族企业中更多发挥的是价值创造效应。最后，其他民营企业为民营企业中剔除家族企业之后的私企和外企，此类企业存在严重

① 在实际操作中，国有企业股权转让的规定较为严格、流程较为繁琐。2018年5月16日，国务院国有资产监督管理委员会、财政部、中国证券监督管理委员会联合发布《上市公司国有股权监督管理办法》，对上市公司国有股权变动的各种情形进行了集中规范，建立了一个完整、严格的国有资产交易监管制度体系。

的内部人控制问题（陈湘永等，2000），反收购条款更容易沦为内部人谋求私利的工具。

表7-9中的结果显示，反收购条款数量ATP的回归系数在国有企业中并不显著，在家族企业中显著为负，而在其他民营企业中却显著为正。卡方检验的结果表示，不同产权性质样本组之间反收购条款的回归系数存在显著的差异，P值均远小于0.01。由此可知，反收购条款在家族企业中可以发挥价值创造效应，而在其他民营企业中却发挥着私利攫取效应。限于篇幅在此未赘述控制变量回归结果。

表7-9　　　　基于产权性质的异质性分析结果

| 变量 | 家族企业 | 国有企业 | 其他民营企业 |
|---|---|---|---|
| | (1) | (2) | (3) |
| ATP | $-0.003^{**}$ | 0.001 | $0.013^{***}$ |
| | (−2.149) | (1.105) | (4.493) |
| Test of Diff. [P-value] | [0.0002] | | |
| | | [0.0000] | |
| Constant | $0.166^{***}$ | $0.086^{***}$ | $0.090^{***}$ |
| | (4.145) | (3.468) | (3.261) |
| Control | YES | YES | YES |
| Year/Ind | YES | YES | YES |
| N | 17 538 | 13 126 | 3 702 |
| Adj-$R^2$ | 0.085 | 0.112 | 0.172 |

注：***、**、*分别表示回归系数在1%、5%、10%的水平上显著。

（2）股权结构

在不同股权结构的企业中，反收购条款对内部人控制的作用也不一样。在股权分散的企业中，管理层与股东之间的代理冲突问题更加严重，掌握私有信息的管理层有很强的动机最大化自身利益（Shleifer和Vishny，1989）。此时，反收购条款会为管理层的私利行为提供庇护，进而导致企业进行有利于管理层私利的非效率投资。本章按照第一大股东持股比例的年度中位数将样本分为两组。

从表7-10中列（1）和列（2）的结果可知，反收购条款数量ATP的回归系数仅在股权结构分散的样本中显著，卡方检验显示回归系数的组间差异在1%的水平上显著。整体而言，相对于股权集中的企业而言，反收购条款对股权分散企业的私利攫取效应更加显著。限于篇幅在此未赘述控制变量回归结果。

表7-10 **基于股权结构的异质性分析结果**

| 变量 | 集中 | 分散 |
|---|---|---|
| | (1) | (2) |
| ATP | 0.000 | 0.007*** |
| | (0.127) | (3.335) |
| Test of Diff. [P-value] | [0.0000] | |
| Constant | 0.128*** | 0.090*** |
| | (5.077) | (4.312) |
| Control | YES | YES |
| Year/Ind | YES | YES |
| N | 17 187 | 17 179 |
| Adj-$R^2$ | 0.106 | 0.063 |

注：***、**、*分别表示回归系数在1%、5%、10%的水平上显著。

（3）实际控制人

虽然我国企业的股权较为集中，但是部分上市公司依然无实际控制人。CSMAR数据库的资料显示，截至2020年底我国有237家上市公司无实际控制人。已经有文献证实，出于自身利益的考虑实际控制人有动机监督管理层的私利活动（Stulz，2005；邵帅和吕长江，2015）。在无实际控制人的企业中，管理层从事机会主义活动的成本和风险均较低，进而导致管理层更可能利用反收购条款攫取私利。

表7-11中列（1）和列（2）的结果显示，反收购条款数量ATP的回归系数仅在无实际控制人样本中显著，两组回归系数的差异在1%

的水平上显著。这表明，相对于拥有实际控制人的企业而言，反收购条款更容易沦为无实际控制人企业管理层谋求私利的保护伞，此时反收购条款的私利攫取效应也更加显著。限于篇幅在此未赘述控制变量回归结果。

表7-11　　基于实际控制人的异质性分析结果

| 变量 | 有 | 无 |
|---|---|---|
| | （1） | （2） |
| ATP | 0.001 | 0.031*** |
| | （1.424） | （7.247） |
| Test of Diff.［P-value］ | ［0.0000］ | |
| Constant | 0.104*** | 0.345*** |
| | （5.969） | （2.887） |
| Control | YES | YES |
| Year/Ind | YES | YES |
| N | 33 260 | 1 106 |
| Adj-$R^2$ | 0.085 | 0.258 |

注：***、**、*分别表示回归系数在1%、5%、10%的水平上显著。

# 第8章　反收购条款与企业创新

## 8.1　研究问题的提出

创新最能体现企业在市场短期压力和长期价值之间的抉择（Manso，2011），因此研究创新可以反映出反收购条款发挥的真实作用。已有部分文献考察反收购条款与企业创新的关系，但是并未取得一致的结论。不同反收购条款对企业创新有不一样的影响，例如控制权股份收购法和并购法会减少研发投入（Santos，2013），而公平价格法和错列董事会则会增加研发投入（Santos，2013；Daines等，2021）。现有文献识别出的反收购条款对企业创新的影响机制可能并不适用于中国资本市场。美国资本市场的经验证据是从第一类委托代理问题角度出发，侧重考察管理层在反收购条款效应中的作用（Chemmanur和Tian，2018）。与此不同的是，我国上市公司治理中存在双重委托代理问题，控股股东和管理层在反收购条款效应中均可以发挥作用。因此，有必要考察在中国情境下反收购条款对企业创新的影响机理。基于此，通过文本分析提炼公司章程中存在的14种反收购条款，从企业创新的视角考察反收购条款可能存在的激励效应和堑壕效应。

## 8.2 理论分析与研究假设

（1）激励效应假设

从控股股东的角度来看，在公司章程中设置反收购条款可能促进企业创新。Shleifer和Vishny（1986）发现，控股股东的存在可以在一定程度上缓解“信息不对称”和“搭便车”带来的代理问题。不同于小股东，控股股东更加关注公司价值增长，具有长期投资的动机（Stein，1989），支持企业的创新战略实施，也愿意主动承担创新风险（Parrino等，2005）。反收购条款可以减轻控股股东受到的来自控制权市场的压力，控股股东会专注提高公司的长期价值，这有利于企业创新活动的开展。同时，稳定的股权结构为公司营造了一个良好的创新环境，控股股东可以有更多的时间和精力来监督企业管理层对于创新策略的执行。但是在面临敌意收购时，控股股东更加关注的是公司实际控制权，而不是公司日常经营活动。“野蛮人”入侵会对公司股权结构的稳定性造成影响，导致公司内部创新环境受到破坏，进而不利于企业创新活动的开展。反收购条款可以抵御外部投资者的敌意收购，控股股东对于其掌握的公司实际控制权也更有信心。这对于维护公司创新环境有积极意义，可以有效保障公司创新策略的贯彻落实。

从管理层的角度来看，在公司章程中设置反收购条款可能促进企业创新。一方面，由于信息不对称的存在，创新型企业的价值更容易被外部投资者低估，进而使其更容易遭受敌意收购（Stein，1988）。在面临收购压力时，管理层会被迫削减短期无法实现收益的创新项目，增加收益较快的日常性项目，提高公司短期收益进而避免因股价被低估造成的收购（Bushee，1998；Graham等，2005）。反收购条款可以增加外部投资者收购的难度和成本，减轻资本市场中短期投资者的压力和威胁，为管理层从事有助于长期价值提升的创新活动提供保障。另一方面，外部投资者的收购压力会增加管理层的职业危机感，不利于公司管理层团队的稳定，造成管理层相对的控制力变弱，进而导致企业进行长期创新活动的动力变小（Shleifer和Summers，1988）。例如，在收购南玻A（股票代码000012）之后宝能系与公司管理层争斗不休，使得管理层无法专注于公司的经营管理，最终宝能系“血洗”南玻A管理层，这导致经理人市场人人自危。反收购条款有助于维护公司管理层的稳定（罗进辉等，2018），增强管理层对公司的管理能力，进而鼓励管理层利用自身的专用性人力资本来从事有助于公司价值增长的创新活动（Subramaniam和Youndt，2005）。因此，本章提出如下假设：

研究假设8-1：激励效应假设，即上述反收购条款会促进创新。

（2）堑壕效应假设

从控股股东的角度来看，反收购条款可能抑制企业创新。控股股东具有攫取控制权私利的动机（Dyck和Zingales，2004），特别是一些法治薄弱的国家，控股股东侵害中小股东利益的行为时有发生（Jiang等，2010）。控股股东的机会主义行为会掏空企业资源，抑制企业技术创新（唐跃军和左晶晶，2014），影响企业创新战略的开展（Deng等，2013）。已经有证据表明，控制权市场能有效约束控股股东的掏空行为（唐宗明和蒋位，2002）。反收购条款可以巩固控股股东对公司的控制权，削弱控制权市场的治理作用，为控股股东的掏空行为提供庇护（Johnson等，2000；许金花等，2018）。李善民等（2016）发现分层董事会条款会降低控制权市场对大股东的惩戒作用。因此，在控制权市场的惩戒威胁变弱时，控股股东的堑壕效应会更加严重，加剧控股股东对企业资源的掏空行为，进而不利于企业创新活动的开展（Deng等，2013；唐跃军和左晶晶，2014）。

从管理层防御的角度来看，在公司章程中设置反收购条款可能抑制企业创新。由于内部管理不善而被低估价值的企业更容易成为敌意收购的对象，外部投资者获取公司控制权后往往会撤换原管理层。公司控制权市场的存在可以促使管理层更加勤勉尽职，积极履行提升公司价值的义务（Manne，1965；Fama，1980），避免公司沦为“野蛮人”的猎物。因此，控制权市场形成的外在压力可以降低管理层的道德风险，促使公司从事有利于长远价值增长的创新活动。反收购条款可以降低控制权市场对管理层的威胁。DeAngelo和Rice（1983）指出，反收购条款是管理层防御的重要手段。根据道德风险理论，管理层往往是自利的（吴育辉和吴世农，2010），缺少有效监督的管理层倾向投资短期收益高的日常性项目，而非风险较大的长期项目。反收购条款会减轻管理层受到的控制权市场监督，加剧管理层的道德风险，进而导致管理层出现短视行为（Giroud和Mueller，2010）。Johnson和Rao（1997）发现，公司章程中设置反收购条款企业的管理层倾向于减少长期投资。管理层不愿意从事风险大、见效慢的创新活动，因为创新的不确定性会对其职业生涯造成威胁。此时，管理层堑壕效应更加明显。因此，本章提出如下假设：

研究假设8-2：堑壕效应假设，即反收购条款会抑制创新。

## 8.3 研究设计

### 8.3.1 样本选择与数据来源

2007年之前我国上市公司章程存在严重的形式化问题，绝大部分上市公司在章程中并未设置反收购条款。直至《公司法》（2005年修订）和《上市公司章程指引》（2006年修订）的颁布，设置反收购条款的上市公司的数量才有大幅提升，因此本书以2007—2018年作为时间窗口，最终获得26 935个年度观测样本。反收购条款来自本书构建的反收购条款数据库，企业层面数据来自CSMAR和CNRDS。

### 8.3.2 变量定义与计量

（1）被解释变量

企业创新（Innovation）：本章从创新投入（RD）和创新产出（Patent）角度来反映企业创新。借鉴Hoskisson和Hitt（1988）的方法，本章采用企业创新投入/营业收入来衡量创新投入；借鉴黄海杰等（2018）、孟庆斌等（2019）的方法，以专利申请数+1的自然对数来衡量创新产出。

（2）解释变量

借鉴Chemmanur和Tian（2018）的做法，本章以上市公司反收购条款数量作为ATP的代理变量。中国上市公司章程中包含的14种反收购条款包括限制董事提名权（DNTS）、错列董事会（SB）、董事资格审查（BQE）、限制董事任职资格（DNQL）、限制股东提案权（GMP）、信息披露（DR）、绝对多数条款（AM）、限制股东召集和主持股东大会（RCSM）、降落伞（GP）、明确反收购（CAT）、法律诉讼（LP）、股权结构调整（ESA）、白衣骑士（WK）和帕克曼式防御（PD）。

（3）控制变量

参考Santos（2013）、杨国超等（2017）和陈克兢等（2021）的做法，本章的控制变量设计如下：企业规模（Size）、上市年龄（Age）、盈利能力（ROA）、偿债能力（Lev）、营运效率（Laz）、资本密集度（Capital）、现金持有（Cash）、股权集中度（Top1）、产权性质（SOE）、董事会规模（Dsize）、独董比例（Dir）。变量定义见表8-1。

表8-1 **变量定义表**

| 变量类型 | 变量名称 | 变量符号 | 变量定义 |
|---|---|---|---|
| 被解释变量 | 企业创新 | Innovation | 包含创新投入（RD）和创新产出（Patent） |
| | 创新投入 | RD | 创新投入/营业收入 |
| | 创新产出 | Patent | Ln（专利申请总数+1） |
| 解释变量 | 反收购条款数量 | ATP | 公司章程中设置反收购条款的数量 |
| 控制变量 | 企业规模 | Size | Ln（总资产） |
| | 上市年龄 | Age | Ln（上市年龄+1） |
| | 盈利能力 | ROA | 总资产收益率 |
| | 偿债能力 | Lev | 资产负债率 |
| | 营运效率 | Laz | 流动资产周转率 |
| | 资本密集度 | Capital | 固定资产/总资产 |
| | 现金持有 | Cash | 货币资产/总资产 |
| | 股权集中度 | Top1 | 第一大股东持股比例 |
| | 产权性质 | SOE | 国有企业为1，否则为0 |
| | 董事会规模 | Dsize | Ln（董事会人数） |
| | 独董比例 | Dir | 独董人数/董事会总人数 |
| | 年度 | Year | 年度哑变量 |
| | 行业 | Ind | 行业哑变量 |

### 8.3.3 检验模型设计

本章设计检验模型（8.1）来分析反收购条款对企业创新的影响，具体如下：

$$\begin{aligned} Innovation_{it} = {} & \alpha_0 + \alpha_1 ATP_{it} + \alpha_2 Size_{it} + \alpha_3 Age_{it} + \alpha_4 ROA_{it} + \alpha_5 Lev_{it} + \\ & \alpha_6 Laz_{it} + \alpha_7 Capital_{it} + \alpha_8 Cash_{it} + \alpha_9 Top1_{it} + \alpha_{10} SOE_{it} + \\ & \alpha_{11} Dsize_{it} + \alpha_{12} Dir_{it} + \sum Year + \sum Ind + \varepsilon \end{aligned} \quad (8.1)$$

其中，Innovation为企业创新，具体包括RD和Patent。ATP为反收购条款数量。如果反收购条款的回归系数$\alpha_1$显著为正，表明反收购条款会促进企业创新，即激励效应假说占主导地位。如果反收购条款的回归系数$\alpha_1$显著为负，说明反收购条款会抑制企业创新，即堑壕效应假设占主导地位。

## 8.4 实证结果与分析

### 8.4.1 描述性统计分析

从表8-2中的结果可知，创新投入（RD）的均值为0.029，与李常青等（2018）的研究结果一致，这意味着企业将2.9%的营业收入用于创新项目投资。创新产出（Patent）的均值为1.996，与黄海杰等（2018）的研究结果类似，经过计算可知企业平均申请专利数量为33.832项；反收购条款数量（ATP）的均值为0.544，即我国上市公司在公司章程中平均设置0.544条反收购条款，而美国上市公司的公司章程中平均有8.9条反收购条款（Chemmanur和Tian，2018）。其中，反收购条款数量（ATP）的最大值为12，经过整理后发现该样本为世联行（股票代码002285）。世联行在2016年的公司章程中设置了除限制股东提案权（GMP）、限制股东召集和主持股东大会（RCSM）之外的其他12条反收购条款。限于篇幅在此未赘述控制变量的描述性统计结果。

表8-2 主要变量描述性统计结果

| 变量 | 样本量 | 均值 | 标准差 | 最小值 | 最大值 |
|---|---|---|---|---|---|
| RD | 26 935 | 0.029 | 0.039 | 0.000 | 0.215 |
| Patent | 26 935 | 1.996 | 1.724 | 0.000 | 6.554 |
| ATP | 26 935 | 0.544 | 0.878 | 0.000 | 12.000 |

### 8.4.2 相关性检验

表8-3列示了主要变量的相关系数矩阵和方差膨胀因子。从表中可知，反收购条款数量（ATP）与创新投入（RD）的相关系数显著为负。这表明，在不考虑其他因素的影响下反收购条款会抑制企业创新，支持假设8-2。另外，所有的相关系数均小于0.6；方差膨胀因子均值为1.449，最大值仅为1.790，均远小于10。由此表明，变量之间不存在多重共线性问题。

### 8.4.3 回归结果分析

从表8-4中列（1）和列（2）可知，反收购条款数量（ATP）与创新投入（RD）的回归系数均在1%的水平上显著为负，这说明反收购条款会抑制企业创新。在经济意义上，反收购条款数量每增加一条，将减少企业6.897%的创新投入和6.814%的创新产出。这表明，在中国资本市场中反收购条款存在堑壕效应，而非Chemmanur和Tian（2018）支持的激励效应，该结论支持了本章的研究假设8-2。限于篇幅在此未赘述控制变量回归结果。

不同于西方传统的委托代理理论，我国上市公司存在双重委托代理问题，薄弱的投资者保护制度给控股股东堑壕效应和管理层堑壕效应提供了可能（冯根福，2004）。反收购条款加剧了控股股东和管理层的堑壕效应，进而抑制了企业创新活动。本章的结论证实了反收购条款对企业创新的消极影响，为Becker-Blease（2011）、Atanassov（2013）的论断提供了现实证据，对于如何规范控制权市场中的收购行为以促进企业创新具有重要的理论价值和现实意义。控制变量回归结果与主流文献基本一致（Santos，2013；孟庆斌等，2019），限于篇幅在此未赘述。

表8-3

**相关系数矩阵与方差膨胀因子**

| 变量 | RD | Patent | ATP | Size | Age | ROA | Lev | Laz | Capital | Cash | Top1 | SOE | Dsize | Dir |
|---|---|---|---|---|---|---|---|---|---|---|---|---|---|---|
| RD | 1.000 | 0.469*** | -0.002*** | -0.198*** | -0.395*** | 0.078*** | -0.403*** | -0.284*** | -0.141*** | 0.208*** | -0.109*** | -0.357*** | -0.162*** | 0.064*** |
| Patent | 0.284*** | 1.000 | -0.019*** | 0.221*** | -0.100*** | 0.066*** | -0.032*** | 0.022*** | -0.017*** | 0.038*** | 0.015** | -0.072*** | 0.009 | 0.024*** |
| ATP | -0.034*** | -0.048*** | 1.000 | 0.058*** | 0.097*** | 0.006 | -0.016*** | 0.027*** | 0.032*** | -0.025*** | -0.041*** | -0.029*** | -0.007 | -0.006 |
| Size | -0.204*** | 0.277*** | 0.036*** | 1.000 | 0.381*** | 0.053*** | 0.449*** | 0.234*** | 0.032*** | -0.224*** | 0.177*** | 0.315*** | 0.231*** | -0.002 |
| Age | -0.307*** | -0.066*** | 0.090*** | 0.350*** | 1.000 | -0.063*** | 0.400*** | 0.270*** | 0.063*** | -0.274*** | -0.091*** | 0.425*** | 0.101*** | -0.024*** |
| ROA | 0.045*** | 0.070*** | 0.010* | 0.045*** | -0.064*** | 1.000 | -0.275*** | 0.235*** | -0.083*** | 0.169*** | 0.081*** | -0.083*** | 0.020*** | -0.031*** |
| Lev | -0.370*** | -0.022*** | -0.015** | 0.419*** | 0.413*** | -0.300*** | 1.000 | 0.268*** | 0.079*** | -0.376*** | 0.042*** | 0.309*** | 0.154*** | -0.025*** |
| Laz | -0.299*** | -0.025*** | 0.006 | 0.219*** | 0.295*** | 0.125*** | 0.238*** | 1.000 | 0.482*** | -0.280*** | 0.078*** | 0.262*** | 0.161*** | -0.070*** |
| Capital | -0.219*** | -0.070*** | 0.013** | 0.090*** | 0.133*** | -0.105*** | 0.120*** | 0.458*** | 1.000 | -0.333*** | 0.062*** | 0.196*** | 0.156*** | -0.069*** |
| Cash | 0.247*** | 0.003 | -0.037*** | -0.246*** | -0.374*** | 0.168*** | -0.412*** | -0.277*** | -0.353*** | 1.000 | 0.011* | -0.141*** | -0.054*** | 0.013** |
| Top1 | -0.138*** | 0.025*** | -0.055*** | 0.224*** | -0.093*** | 0.102*** | 0.041*** | 0.104*** | 0.072*** | 0.016*** | 1.000 | 0.210*** | 0.015** | 0.024*** |
| SOE | -0.293*** | -0.052*** | -0.038*** | 0.325*** | 0.411*** | -0.079*** | 0.302*** | 0.259*** | 0.235*** | -0.155*** | 0.213*** | 1.000 | 0.268*** | -0.076*** |
| Dsize | -0.155*** | 0.020*** | -0.007 | 0.253*** | 0.104*** | 0.026*** | 0.149*** | 0.151*** | 0.169*** | -0.061*** | 0.028*** | 0.273*** | 1.000 | -0.519*** |
| Dir | 0.073*** | 0.039*** | -0.010* | 0.022*** | -0.023*** | -0.029*** | -0.017*** | -0.059*** | -0.064*** | 0.007 | 0.040*** | -0.072*** | -0.494*** | 1.000 |
| VIF | 1.440 | 1.280 | 1.020 | 1.710 | 1.660 | 1.260 | 1.790 | 1.540 | 1.510 | 1.470 | 1.200 | 1.490 | 1.550 | 1.370 |

注：***、**、*分别表示回归系数在1%、5%、10%的水平上显著。左下角为Pearson相关系数，右上角为Spearman相关系数。

表8-4 反收购条款数量与创新投入的回归结果

| 变量 | (1) | (2) | (3) | (4) | (5) | (6) | (7) | (8) |
|---|---|---|---|---|---|---|---|---|
| | t期 | | t+1期 | | t+2期 | | t+3期 | |
| | RD | Patent | RD | Patent | RD | Patent | RD | Patent |
| ATP | -0.002*** | -0.137*** | -0.002*** | -0.135*** | -0.002*** | -0.134*** | -0.002*** | -0.129*** |
| | (-5.251) | (-6.708) | (-4.594) | (-6.178) | (-4.020) | (-5.424) | (-3.374) | (-4.647) |
| Constant | 0.068 | -9.759 | 0.028*** | -10.611*** | 0.028*** | -10.576*** | 0.033*** | -10.053*** |
| | (0.001) | (-0.001) | (2.898) | (-17.660) | (2.844) | (-16.939) | (3.223) | (-15.507) |
| Year/Ind | YES | YES | YES | YES | YES | YES | YES | YES |
| N | 26 935 | 26 935 | 23 456 | 23 456 | 20 224 | 20 224 | 17 419 | 17 419 |
| Adj-$R^2$ | 0.405 | 0.364 | 0.410 | 0.366 | 0.406 | 0.365 | 0.399 | 0.359 |

注：***、**、*分别表示回归系数在1%、5%、10%的水平上显著。

考虑到反收购条款影响企业创新活动可能存在滞后效应，本章参考Chemmanur和Tian（2018）的类似做法，分别以t+1期、t+2期和t+3期的创新投入作为因变量进行重新检验。从列（3）至列（8）的结果可知，反收购条款的回归系数依然显著为负，进一步证实了本章结论的可靠性。

在此需要说明的是，如果上市公司反收购条款变动较少，此时进行滞后效应检验就无实质性意义。本章经过统计发现，共有1 274个年度观测样本的反收购条款发生了变更，占设置反收购条款总样本的12.791%。具体而言，有748个年度观测样本的反收购条款发生了“质变”，其中有709个年度观测样本“从无到有”，有39个年度观测样本“从有到无”；除此之外，还有526个年度观测样本的反收购条款发生了“量变”，其中有400个年度观测样本“从少变多”，有126个年度观测样本“从多变少”。考虑到样本中反收购条款变更较多，本章认为考察反收购条款的滞后效应存在一定的合理性。

## 8.5 稳健性检验

### 8.5.1 PSM+DID

首先，本章采用倾向得分匹配法（PSM）来寻找对照组。借鉴Lin等（2020）的思路，本章的实验组只保留了首次设置反收购条款企业的前一年度样本，控制组为所有从未设置过反收购条款的公司年度样本。本章以企业是否设置反收购条款为因变量，以每股收益（EPS）、自由现金流（FCF）、无实际控制人（NC）①以及第二阶段模型中的控制变量为自变量，采用最近邻匹配法在同年度寻找控制组样本。EPS为净利润/股本总数；FCF为自由现金流净值/总资产；NC为实际控制人，当企业无实际控制人时NC为1，否则为0。本章对实验组和控制组时间维度上的观察区间长度进行了严格控制，即实验组和控制组样本需要在处理前后均拥有2年的观测值。最后，将一对一匹配获得的控制组样本与实验组样本组合成新的样本组，构建双重差分模型（DID）来分析公司章程中设置反收购条款对企业创新的影响。具体模型如下：

$$Innovation_{it} = \beta_0 + \beta_1 Treat_{it} + \beta_2 Treat_{it} \times Post_{it} + \beta_3 Post_{it} + Control + \varepsilon \quad (8.2)$$

其中，Treat为企业是否设置反收购条款，如在样本期间内设置过反收购条款则为1，否则为0；Post为首次设置反收购条款当年及以后年度为1，否则为0。控制组Post的划分年度与对应的实验组相同。Control为控制变量。

为了检验PSM的匹配效果，本章对PSM匹配之后的公司特征进行了对比，结果显示两组样本之间各个公司特征并无显著性差异。PSM匹配之后的控制组与实验组变量之间没有显著的差异。因此，本章PSM的匹配效果较好，满足了DID分析的前提条件。限于篇幅在此未赘述控

① 在选择标的公司时，收购方会综合考虑此次收购的价值和成功的可能性，因此会关注公司每股收益、现金流量、是否有实际控制人和股权结构等公司特征。不同的收购目标使得收购方对上述特征的偏好有所不同，出于获得壳资源目标的收购方对每股收益较低、现金流不充裕等劣质公司更感兴趣，而出于价值投资目标的收购方更偏好每股收益高、现金流充沛的优质公司。劣质公司设置反收购条款可以增加收购谈判时的价码，而优质公司设置反收购条款则可以确保公司控制权和经营管理的稳定。当然，不论是哪种目标的收购，收购方都会偏好选择无实际控制人或股权结构分散的公司。因此，本章选择每股收益（EPS）、自由现金流（FCF）、无实际控制人（NC）、第一大股东持股比例（Top1）为协变量。

制变量稳健性检验回归结果。

同时，本章还绘制了PSM匹配前后的密度函数图。从图8-1可知，在采用PSM匹配之前实验组和控制组的密度函数存在显著差异，而在采用PSM匹配之后，设置反收购条款的企业与控制组的密度函数几乎一致。这表明，本章采用PSM找到了与设置反收购条款特征相似的控制组。

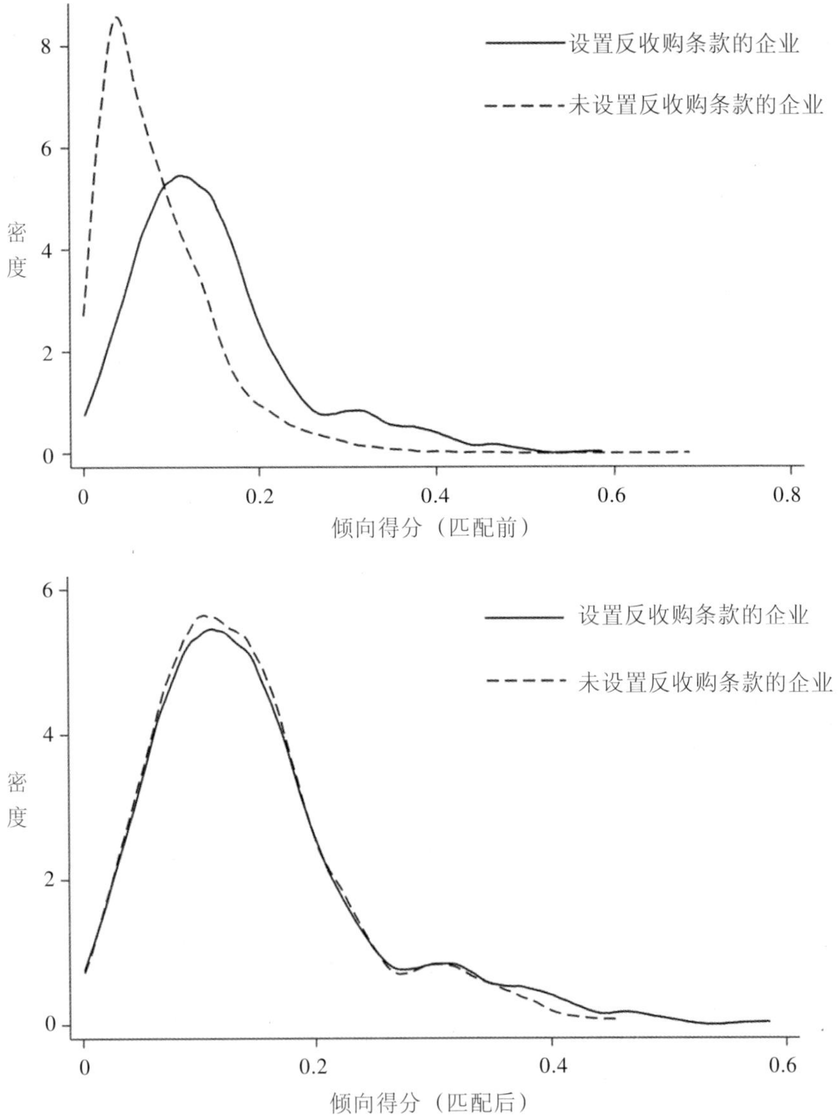


图8-1 密度函数图

Treat×Post的回归系数显著为负，表明企业在设置反收购条款之后创新活动明显减少，与前文的结论完全一致。由此可知，在控制样本选择偏差之后，反收购条款依然会对企业创新产生消极的影响，验证了研究假设8-2。

为了保证DID估计结果的有效性，本章设定如下模型来检验“平行趋势假设”是否成立：

$$\text{Innovation}_{it} = \eta_0 + \eta_1 \text{Treat}_{it} \times \text{Year}_{i,\ t-2} + \eta_2 \text{Treat}_{it} \times \text{Year}_{i,\ t-1} + \eta_3 \text{Treat}_{it} \times \text{Year}_{it} + \eta_4 \text{Treat}_{it} \times \text{Year}_{i,\ t+1} + \eta_5 \text{Treat}_{it} + \eta_6 \text{Post}_{it} + \text{Control} + \varepsilon \tag{8.3}$$

其中，Year表示首次设置反收购条款相应年份的虚拟变量，下标t-2、t-1、t、t+1分别代表首次设置反收购条款相应年份的前两年、前一年、当年和后一年的虚拟变量。如果企业创新的减少真是由于设置反收购条款所致，那么$\text{Treat}_{it}\times\text{Year}_{i,\ t-2}$和$\text{Treat}_{it}\times\text{Year}_{i,\ t-1}$的回归系数应该不显著，而$\text{Treat}_{it}\times\text{Year}_{it}$和$\text{Treat}_{it}\times\text{Year}_{i,\ t+1}$的回归系数则应该显著为负。

平行趋势假设检验结果显示$\text{Treat}_{it}\times\text{Year}_{i,\ t-2}$和$\text{Treat}_{it}\times\text{Year}_{i,\ t-1}$的回归系数并不显著，而$\text{Treat}_{it}\times\text{Year}_{it}$和$\text{Treat}_{it}\times\text{Year}_{i,\ t+1}$的回归系数则均显著为负。上述发现表明，在设置反收购条款之前实验组和对照组具有相似的特征和趋势，而在设置反收购条款之后两者出现了显著的差异。

从图8-2可知，实验组和控制组的创新活动在设置反收购条款之前并无显著的差异。但是，在设置反收购条款之后，实验组的创新投入和创新产出显著减少。整体而言，本章采用双重差分模型满足了平行趋势假设。

### 8.5.2 Heckman两阶段模型

为了避免选择偏误的影响，本章采用Heckman两阶段模型进行重新检验。反收购条款数量（ATP）与创新投入（RD）、创新产出（Patent）的回归系数在1%的水平上显著为负，与前文结论基本一致。逆米尔斯比率（IMR）的回归系数显著，这说明在控制样本选择偏差之后回归结果并未发生改变。

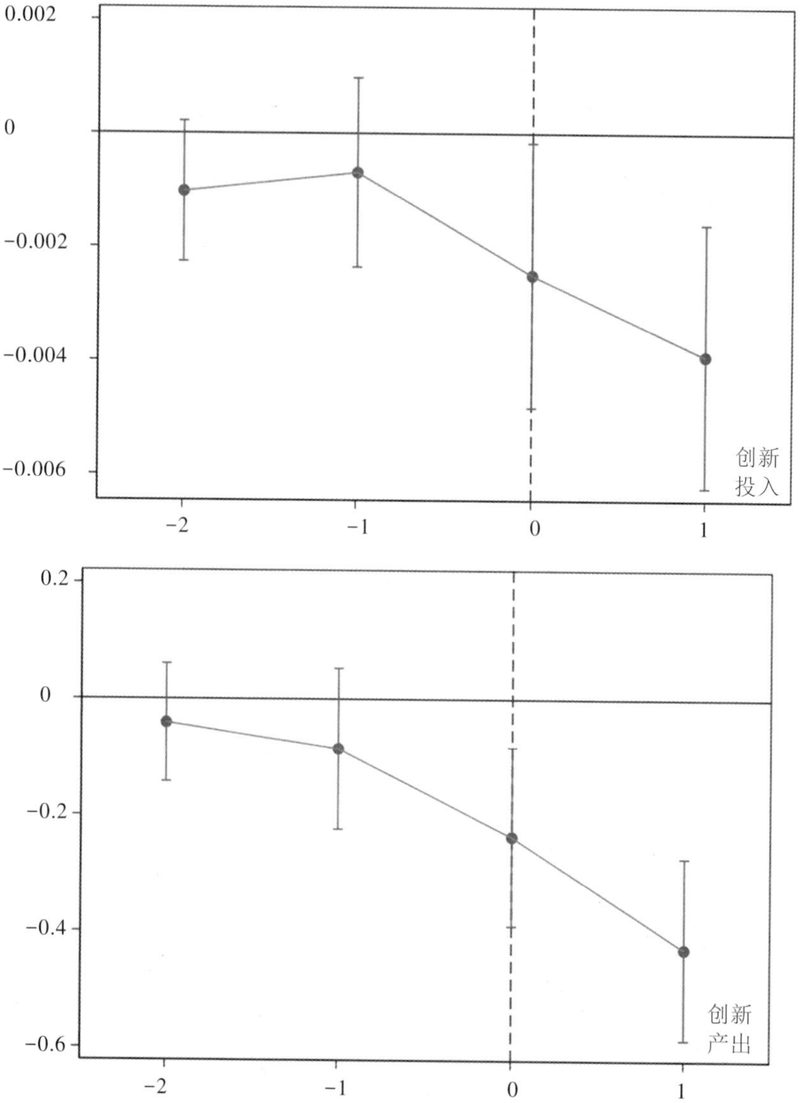

图 8-2 平行趋势图

### 8.5.3 固定效应模型

本章采用固定效应模型进行重新估计，反收购条款数量（ATP）的回归系数依然显著为负，支持了前文的观点。

### 8.5.4 更换变量

一方面，本章以创新投入/总资产作为创新投入的代理变量（RD_A），以研发人员数量占比作为创新投入的代理变量（RD_N）。另一方面，本章以Ln（发明专利申请数量+1）、（发明专利数/专利总数）作为创新产出的代理变量（Patent_I、Patent_Q）；同时，考虑到仅通过对专利数量的考察无法证明发明专利的经济重要性，借鉴孟庆斌等（2019）的方法，以Ln（专利引用量+1）来度量创新产出质量（Patent_C）。需要说明的是，由于没有2018年专利引用量的数据，因此本部分的时间窗口为2007—2017年。反收购条款与企业创新的回归结果依然显著为负。

不同条款之间的反收购效应存在一定的差异，因此按照反收购效应强弱分别赋权可以更好地识别出反收购条款对企业创新的影响。本章采用序关系分析法（G1法）为反收购条款赋权，具体的步骤如下：首先，分别邀请15位专家对不同反收购条款的重要性进行排序[①]；而后，专家对相邻两个反收购条款之间的重要性之比进行赋权；最后，采用G1法计算出每一份调查问卷的14种反收购条款权重，以调查问卷中各条款的平均值作为其最终的权重。在此基础上，本章以$\sum_{n=1}^{14} SATP_n \times \omega_n$来衡量企业反收购条款的效应（WATP）。其中，$SATP_n$为第n种反收购条款的哑变量，当公司设置了该种反收购条款时SATP赋值为1，否则为0；$\omega_n$为G1法计算出的第n种反收购条款权重。采用赋权方法之后的反收购条款与企业创新的回归系数显著为负，证实了前文的论断。另外，本章按照企业是否设置反收购条款来设置哑变量ATPD，当企业设置反收购条款时ATPD赋值为1，否则为0；同时，以Ln（ATP+1）作为反收购条款的代理变量LATP。采用上述两种方法的回归结果依然显著为负。

① 为了确保问卷调查结果的可靠性，作者分别从上市公司、律师事务所和高校领域各邀请了5位专家，这15位专家均具有收购、反收购的实践经验或研究专长。

### 8.5.5 排除可能存在的非线性关系

反收购条款与企业创新之间还可能存在非线性关系，本章对此进行了实证检验。反收购条款平方项（$ATP^2$）的回归系数并不显著，这说明反收购条款与企业创新之间并不存在非线性关系。

### 8.5.6 更换回归模型

由于企业创新活动的变量均为非负数，因此本章采用Tobit模型进行重新估计。反收购条款的回归系数显著负相关，支持了本章的研究发现。

### 8.5.7 更换研究样本

由于企业可以选择性披露创新信息，因此存在部分企业虽然从事研发活动但未披露创新信息的情况。鉴于此，本章删除了创新投入和产出数据为0的样本进行重新检验。同时，本章还删除了反收购条款为0的样本后进行重新检验，反收购条款的回归系数依然显著为负。

## 8.6 作用机制分析

为了验证前文的理论逻辑，本章采用中介效应模型检验反收购条款是否能通过堑壕效应来影响企业创新，具体模型如下：

$$Entrenchment_{it} = \varphi_0 + \varphi_1 ATP_{it} + Control + \varepsilon \tag{8.4}$$

$$Innovation_{it} = \lambda_0 + \lambda_1 ATP_{it} + \lambda_2 Entrenchment_{it} + Control + \varepsilon \tag{8.5}$$

其中，Entrenchment为堑壕效应，具体包括：控股股东堑壕效应（Entrenchment1），本章借鉴姜付秀等（2015）的研究，采用关联交易总额占总资产的比值来衡量控股股东堑壕效应；管理层堑壕效应（Entrenchment2），本章借鉴王克敏等（2018）的研究，采用高管超额薪酬来衡量管理层堑壕效应。模型（8.4）的控制变量包括企业成长性（Growth），具体为营业收入增长率；监事会规模（Ssize），具体为监事会人数的自然对数；其余控制变量均与模型（8.1）完全一致。另外，模型（8.5）中的控制变量与模型（8.1）完全一致。

从表8-5中列（1）的结果可知，反收购条款数量（ATP）与控股股东堑壕效应（Entrenchment1）的回归系数显著正相关，即反收购条款会增强控股股东堑壕效应。从列（2）和列（3）的结果可知，反收购条款数量（ATP）、控股股东堑壕效应（Entrenchment1）与企业创新（RD、Patent）的回归系数显著负相关。综合列（1）至列（3）的结果可知，反收购条款可以加剧控股股东的堑壕效应进而抑制企业创新。同理，列（4）至列（6）的结论则表明，反收购条款会加剧管理层堑壕效应进而抑制企业创新。整体而言，在中国情境下反收购条款对企业创新的作用机制表现为控股股东堑壕效应和管理层堑壕效应，而非西方文献中的管理层堑壕效应（Chemmanur和Tian，2018），这也从侧面反映出西方文献的结论并不适用中国资本市场。限于篇幅在此未赘述控制变量回归结果。

表8-5 **作用机制检验结果**

| 变量 | (1) | (2) | (3) | (4) | (5) | (6) |
|---|---|---|---|---|---|---|
| | 控股股东堑壕效应 | | | 管理层堑壕效应 | | |
| | Entrenchment1 | RD | Patent | Entrenchment2 | RD | Patent |
| ATP | $0.002^{*}$ | $-0.002^{***}$ | $-0.137^{***}$ | $0.007^{**}$ | $-0.002^{***}$ | $-0.139^{***}$ |
| | (1.968) | (-5.256) | (-6.715) | (2.524) | (-5.432) | (-6.843) |
| Entrenchment1 | | $-0.002^{*}$ | $-0.081^{**}$ | | | |
| | | (-1.955) | (-2.152) | | | |
| Entrenchment2 | | | | | $-0.006^{***}$ | $-0.175^{***}$ |
| | | | | | (-9.867) | (-5.726) |
| Constant | 0.180 | 0.069 | -9.730 | 0.145 | 0.042 | -9.034 |
| | (0.000) | (0.001) | (-0.001) | (0.001) | (0.001) | (-0.001) |
| Control | YES | YES | YES | YES | YES | YES |
| Year/Ind | YES | YES | YES | YES | YES | YES |
| N | 26 935 | 26 935 | 26 935 | 26 935 | 26 935 | 26 935 |
| Adj-$R^2$ | 0.043 | 0.405 | 0.364 | 0.182 | 0.413 | 0.366 |

注：***、**、*分别表示回归系数在1%、5%、10%的水平上显著。

## 8.7 异质性分析

### 8.7.1 反收购条款的特征

（1）反收购条款的种类

单一反收购条款：不同反收购条款可能产生不同的效应。例如，Karpoff和Wittry（2018）发现美国不同州实施的反收购条款效果并不完全一致。因此，有必要考察不同类型反收购条款对企业创新影响的差异。本章采用与前文相同的匹配方法，以仅设置某一种类型反收购条款的样本为实验组，在从未设置过反收购条款的样本中寻找控制组，在此基础上进行了检验①。由表8-6中的检验结果可知，只有限制董事提名权（DNTS）、错列董事会（SB）、董事资格审查（BQE）、限制股东提案权（GMP）、绝对多数条款（AM）、限制股东召集和主持股东大会（RCSM）与企业创新的回归系数显著为负，其他单一反收购条款均不能对企业创新产生显著影响。由此可知，不同类型反收购条款的影响存在显著差异，并非所有的反收购条款均会抑制企业创新。

反收购条款组合：上市公司在设置反收购条款时并不局限于某一特定类型，往往会在公司章程中设置多种条款来提高反收购效应。不同反收购条款之间可能存在相互抵消或促进的作用。因此，不同反收购条款之间的相互效应可能削弱或增强反收购条款组合对企业创新的抑制作用。本章梳理后发现，我国上市公司章程中共有136种反收购条款组合。考虑到绝大部分反收购条款组合的样本数量较少，本章重点考察出现次数最多的16种反收购条款组合。本章采用相同的匹配方法寻找反收购条款组合的控制组，然后进行回归。由表8-7的结果可知，限制董事提名权（DNTS）、董事资格审查（BQE）、错列董事会（SB）、限制股东召集和主持股东大会（RCSM）、限制股东提案权（GMP）、绝对多数条款（AM）的条款组合可以有效地抑制企业创新；错列董事会（SB）

① 经过统计发现，在样本期间中并没有上市公司单独设置帕克曼式防御（PD）和股权结构（ESA）这两种反收购条款。另外，仅有8个年度的观测样本设置了白衣骑士（WK）条款。因此，本书无法识别出这3种反收购条款的效应。

与董事资格审查（BQE）的组合，限制董事提名权（DNTS）、董事资格审查（BQE）与错列董事会（SB）的组合也可以发挥显著的作用。限于篇幅在此未赘述控制变量回归结果。

结合单一反收购条款的回归结果可以发现，这些效应显著的反收购条款组合往往是由有效的单一条款构成。除了本章列示的组合之外，其他反收购条款组合并不能对企业创新产生抑制作用。

表8-6　　　　单一反收购条款对企业创新的影响

| 变量 | (1) | (2) | (3) | (4) | (5) | (6) | (7) | (8) | (9) | (10) | (11) | (12) |
|---|---|---|---|---|---|---|---|---|---|---|---|---|
| | DNTS | | SB | | BQE | | DNQL | | GMP | | DR | |
| | RD | Patent | RD | Patent | RD | Patent | RD | Patent | RD | Patent | RD | Patent |
| DATP | -0.003** | -0.143*** | -0.002*** | -0.228** | -0.004*** | -0.247*** | -0.003 | -0.168 | -0.005*** | -0.502*** | -0.003 | -0.098 |
| | (-2.549) | (-3.148) | (-3.329) | (-2.543) | (-2.908) | (-3.412) | (-0.755) | (-0.833) | (-2.931) | (-2.618) | (-0.584) | (-0.435) |
| Constant | 0.059*** | -10.796*** | -0.052 | -10.943*** | 0.023 | -9.377*** | 0.030 | -13.533*** | 0.063 | -10.609*** | 0.010 | -13.836*** |
| | (4.244) | (-13.901) | (-1.012) | (-6.720) | (0.743) | (-5.529) | (1.047) | (-7.311) | (1.400) | (-3.936) | (0.217) | (-4.664) |
| Control | YES | YES | YES | YES | YES | YES | YES | YES | YES | YES | YES | YES |
| Year/Ind | YES | YES | YES | YES | YES | YES | YES | YES | YES | YES | YES | YES |
| N | 8 836 | 8 836 | 1 390 | 1 390 | 1 246 | 1 246 | 424 | 424 | 446 | 446 | 346 | 346 |
| Adj-$R^2$ | 0.390 | 0.361 | 0.413 | 0.402 | 0.444 | 0.369 | 0.386 | 0.557 | 0.365 | 0.470 | 0.529 | 0.530 |

| 变量 | (13) | (14) | (15) | (16) | (17) | (18) | (19) | (20) | (21) | (22) |
|---|---|---|---|---|---|---|---|---|---|---|
| | AM | | RCSM | | GP | | CAT | | LP | |
| | RD | Patent | RD | Patent | RD | Patent | RD | Patent | RD | Patent |
| DATP | -0.023*** | -0.023*** | -0.014** | -0.470*** | -0.004 | -0.582 | -0.008 | -0.460 | -0.014* | 0.501 |
| | (-3.003) | (-3.003) | (-2.434) | (-3.391) | (-0.900) | (-1.471) | (-1.433) | (-0.608) | (-1.836) | (1.251) |
| Constant | -0.018 | -0.018 | 0.024 | -5.161 | 0.099* | -11.201*** | 0.154 | -13.062 | 0.059 | -15.575*** |
| | (-0.277) | (-0.277) | (0.281) | (-1.035) | (1.847) | (-2.866) | (1.544) | (-0.872) | (0.565) | (-3.730) |
| Control | YES | YES | YES | YES | YES | YES | YES | YES | YES | YES |
| Year/Ind | YES | YES | YES | YES | YES | YES | YES | YES | YES | YES |
| N | 162 | 162 | 98 | 98 | 126 | 126 | 60 | 60 | 48 | 48 |
| Adj-$R^2$ | 0.611 | 0.611 | 0.783 | 0.637 | 0.717 | 0.812 | 0.739 | 0.831 | 0.973 | 0.901 |

注：***、**、*分别表示回归系数在1%、5%、10%的水平上显著。

表8-7　　反收购条款组合对企业创新的影响

| 变量 | (1) | (2) | (3) | (4) | (5) | (6) | (7) | (8) | (9) | (10) | (11) | (12) |
|---|---|---|---|---|---|---|---|---|---|---|---|---|
| | DNTS、BQE | | DNTS、SB | | DNTS、DR | | DNTS、BQE、SB | | DNTS、RCSM | | SB、DNQL | |
| | RD | Patent | RD | Patent | RD | Patent | RD | Patent | RD | Patent | RD | Patent |
| DATP | -0.004$^{***}$ | -0.137$^{***}$ | -0.005$^{**}$ | -0.221$^{***}$ | -0.000 | 0.174 | -0.005$^{***}$ | -0.470$^{***}$ | -0.003$^{***}$ | -0.257$^{**}$ | -0.004 | -0.164 |
| | (-4.302) | (-5.210) | (-2.224) | (-3.575) | (-0.015) | (0.805) | (-3.549) | (-3.115) | (-3.541) | (-2.468) | (-1.124) | (-0.622) |
| Constant | 0.087$^{**}$ | -10.352$^{***}$ | 0.019 | -9.474$^{***}$ | 0.033 | -12.267$^{***}$ | -0.013 | -5.444$^{**}$ | -0.065 | -9.174$^{***}$ | 0.120$^{***}$ | -13.033$^{***}$ |
| | (2.152) | (-5.657) | (0.643) | (-5.390) | (0.499) | (-5.758) | (-0.202) | (-2.037) | (-0.837) | (-3.137) | (3.165) | (-4.824) |
| Control | YES | YES | YES | YES | YES | YES | YES | YES | YES | YES | YES | YES |
| Year/Ind | YES | YES | YES | YES | YES | YES | YES | YES | YES | YES | YES | YES |
| N | 1 312 | 1 312 | 1 270 | 1 270 | 464 | 464 | 404 | 404 | 266 | 266 | 246 | 246 |
| Adj-$R^2$ | 0.408 | 0.306 | 0.408 | 0.334 | 0.603 | 0.473 | 0.549 | 0.419 | 0.482 | 0.624 | 0.577 | 0.490 |

| 变量 | (13) | (14) | (15) | (16) | (17) | (18) | (19) | (20) | (21) | (22) | (23) | (24) |
|---|---|---|---|---|---|---|---|---|---|---|---|---|
| | DNTS、DNQL | | DNTS、GMP | | SB、BQE | | DNTS、AM | | DNTS、SB、DNQL | | DNTS、SB、GMP | |
| | RD | Patent | RD | Patent | RD | Patent | RD | Patent | RD | Patent | RD | Patent |
| DATP | -0.000 | 0.167 | -0.004$^{***}$ | -0.359$^{***}$ | -0.007$^{***}$ | -0.138$^{**}$ | -0.027$^{***}$ | -0.334$^{***}$ | -0.011 | -0.568$^{*}$ | 0.009 | 0.054 |
| | (-0.096) | (0.605) | (-4.501) | (-3.084) | (-3.265) | (2.453) | (-3.929) | (-3.515) | (-1.108) | (-1.701) | (1.084) | (0.122) |
| Constant | -0.031 | -11.002$^{***}$ | 0.009 | -11.691$^{***}$ | 0.007 | -1.829 | -0.083 | -11.178$^{***}$ | 0.043 | -14.615$^{***}$ | -0.030 | -5.773 |
| | (-0.487) | (-3.066) | (0.148) | (-3.036) | (0.117) | (-0.422) | (-1.241) | (-4.013) | (0.338) | (-2.841) | (-0.262) | (-1.061) |
| Control | YES | YES | YES | YES | YES | YES | YES | YES | YES | YES | YES | YES |
| Year/Ind | YES | YES | YES | YES | YES | YES | YES | YES | YES | YES | YES | YES |
| N | 224 | 224 | 186 | 186 | 174 | 174 | 166 | 166 | 144 | 144 | 104 | 104 |
| Adj-$R^2$ | 0.408 | 0.306 | 0.408 | 0.334 | 0.511 | 0.483 | 0.486 | 0.623 | 0.617 | 0.549 | 0.663 | 0.612 |

续表

| 变量 | (25) | (26) | (27) | (28) | (29) | (30) | (31) | (32) |
|---|---|---|---|---|---|---|---|---|
| | DNTS、GP | | GMP、DR | | DNTS、SB、AM | | SB、GMP | |
| | RD | Patent | RD | Patent | RD | Patent | RD | Patent |
| DATP | 0.001 | 0.516 | -0.004 | 0.370 | 0.010 | -0.611 | 0.002 | 0.475 |
| | (0.077) | (1.010) | (-0.527) | (0.821) | (0.761) | (-1.027) | (0.303) | (0.937) |
| Constant | 0.045 | -8.592 | 0.053 | -14.587 | -0.229 | -13.059* | 0.152** | -7.833 |
| | (0.650) | (-1.297) | (0.273) | (-1.458) | (-1.089) | (-1.784) | (2.286) | (-1.304) |
| Control | YES | YES | YES | YES | YES | YES | YES | YES |
| Year/Ind | YES | YES | YES | YES | YES | YES | YES | YES |
| N | 88 | 88 | 76 | 76 | 70 | 70 | 68 | 68 |
| Adj-R2 | 0.717 | 0.554 | 0.468 | 0.663 | 0.645 | 0.671 | 0.753 | 0.779 |

注：***、**、*分别表示回归系数在1%、5%、10%的水平上显著。

（2）反收购条款的效应

企业在公司章程中设置反收购条款的类型较多，不同反收购条款发挥的效应存在较大的差异。公司控制权之争往往体现在董事会席位之争上，收购方通过控制董事的任命和罢免来实现对上市公司的实际控制[①]。陈玉罡和石芳（2014）通过分析上市公司章程发现，与董事选举和投票方式相关的反收购条款可以有效抵御收购方的进入，而其条款发挥的作用较小。上市公司在董事任命和罢免方面设置反收购条款，会增加收购方通过董事会来控制上市公司的难度，迫使收购方放弃收购。本章借鉴陈玉罡和石芳（2014）的方法，将限制董事提名权、错列董事会、董事资格审查、限制董事任职资格、绝对多数条款等视为反收购效

① 除此之外，收购方还可以通过股权层面来控制上市公司，但是这种方式并不多见。主要原因如下：《公司法》规定表决权超过50%为相对控制，表决权超过2/3则为绝对控制。绝大部分的收购方往往不会通过股权层面来控制公司，因为收购方大多采用的是“蛇吞象”式收购，几乎看不到收购方收购上市公司50%以上股份的案例。另外，按照《证券法》和《上市公司收购管理办法》的相关规定，收购人拟收购上市公司股份超出30%，须改为要约方式进行收购；要约价格不得低于要约收购提示性公告日前6个月内收购人取得该种股票所支付的最高价格。由于审批环节众多、操作程序繁杂、收购成本较高等因素的影响，要约收购在中国资本市场中并不常见。Wind数据显示，2007—2018年我国资本市场仅发生了96起上市公司要约收购事件。由此可知，收购方很少通过股权层面来控制上市公司。

应强的条款，其余为反收购效应弱的条款。为了更好地区分不同反收购条款的作用，本章删除了公司章程中同时具有反收购效应强和反收购效应弱条款的样本，合计1 188个年度观测样本。由表8-8中列（1）至列（4）的结果可知，反收购效应较强的条款对企业创新的抑制作用更为显著，验证了前文的预期。同时，本章还将限制股东提案权、限制股东召集和主持股东大会纳入反收购效应强的条款，表8-8中列（5）至列（8）的检验结果依然支持前文结论。限于篇幅在此未赘述控制变量回归结果。

表8-8 基于反收购效应的检验结果

| 变量 | (1) | (2) | (3) | (4) | (5) | (6) | (7) | (8) |
|---|---|---|---|---|---|---|---|---|
| | 反收购效应强 | | 反收购效应弱 | | 反收购效应强 | | 反收购效应弱 | |
| | RD | Patent | RD | Patent | RD | Patent | RD | Patent |
| ATP | -0.003*** | -0.139*** | 0.002 | -0.016 | -0.004*** | -0.190*** | 0.002 | -0.112 |
| | (-2.743) | (-2.534) | (0.465) | (-0.084) | (-4.102) | (-4.034) | (1.223) | (-1.137) |
| Constant | 0.010 | -10.372*** | 0.045 | -11.440*** | 0.013 | -9.550*** | 0.012 | -14.658*** |
| | (0.638) | (-12.278) | (0.908) | (-4.834) | (0.746) | (-10.657) | (0.301) | (-4.754) |
| Control | YES | YES | YES | YES | YES | YES | YES | YES |
| Year/Ind | YES | YES | YES | YES | YES | YES | YES | YES |
| N | 8 141 | 8 141 | 631 | 631 | 8 935 | 8 935 | 307 | 307 |
| Adj-$R^2$ | 0.371 | 0.368 | 0.352 | 0.520 | 0.377 | 0.371 | 0.595 | 0.684 |

注：***、**、*分别表示回归系数在1%、5%、10%的水平上显著。

### 8.7.2 企业特征

（1）企业被收购的可能性

在被收购可能性较高的企业中，反收购条款可以有效抵御来自控制权市场的压力，降低了控股股东或管理层受到的外在威胁，进而导致控股股东的掏空行为和管理层的短视行为更加严重。因此，相对于被收购可能性较低的企业而言，反收购条款对被收购可能性较高企业的创新活动影响更为显著。在公司控制权市场中，股权分散的企业更容易成为"野蛮人"围猎的对象。另外，考虑到收购国有企业的成本较大、收购不确定性较高①，"野蛮人"往往更加倾向于收购非国有企业。因此，本章分别从股权集中度和产权性质来衡量企业被敌意收购的可能性。本章首先计算每个公司在样本周期内第一大股东持股比例的平均值，按照平均值的中位数对样本进行分组，低于中位数的为股权分散样本组，高于中位数的为股权集中样本组。另外，按照产权性质将样本分为国有企业和非国有企业样本组。表8-9中的结果显示，在股权分散或非国有企业样本组中反收购条款对企业创新有着显著的影响，这表明反收购条款的堑壕效应在被收购可能性高的企业中更为显著。限于篇幅在此未赘述控制变量回归结果。

表8-9 **基于被收购可能性的检验结果**

| 变量 | (1) | (2) | (3) | (4) | (5) | (6) | (7) | (8) |
|---|---|---|---|---|---|---|---|---|
| | 股权集中 | | 股权分散 | | 国有企业 | | 非国有企业 | |
| | RD | Patent | RD | Patent | RD | Patent | RD | Patent |
| ATP | -0.002 | -0.068 | -0.003*** | -0.127*** | -0.001 | -0.008 | -0.003*** | -0.132*** |
| | (-1.223) | (-1.162) | (-4.243) | (-4.865) | (-1.043) | (-0.203) | (-5.165) | (-5.520) |
| Constant | 0.055*** | -7.467*** | 0.019 | -9.958*** | 0.063*** | -10.404*** | 0.013 | -8.656*** |
| | (4.965) | (-8.176) | (1.292) | (-12.482) | (5.467) | (-9.883) | (0.948) | (-12.267) |
| Control | YES | YES | YES | YES | YES | YES | YES | YES |
| Year/Ind | YES | YES | YES | YES | YES | YES | YES | YES |
| N | 13 180 | 13 180 | 13 755 | 13 755 | 11 061 | 11 061 | 15 874 | 15 874 |
| Adj-$R^2$ | 0.392 | 0.371 | 0.418 | 0.363 | 0.330 | 0.460 | 0.383 | 0.300 |

注：***、**、*分别表示回归系数在1%、5%、10%的水平上显著。

（2）信息环境

在信息环境较好的企业中，由于受到的监督较多，控股股东和管理

① 一方面，在我国国有企业上市时，国有持股一般都超过30%甚至是50%，而且国有上市公司的市值往往较大。此时，收购国有上市公司需要承担较高的资金成本。另一方面，国有企业在促进就业和维护社会稳定方面有着巨大的作用，政府出于经济社会发展的考虑在让渡国有控制权时会较为谨慎。因此，收购国有企业过程中存在较多不确定因素，最终可能导致收购失败。在现实中，万科A、格力电器和伊利股份成功抵御了"野蛮人"收购，从侧面也证实了本书的观点。

层难以谋求私利（Dyck和Zingales，2004；Johnson和Rao，1997），此时反收购条款对企业创新的抑制作用较弱，而在信息环境薄弱的企业中，控股股东和管理层更容易谋求私利，此时反收购条款的堑壕效应更加显著。本章分别采用股价同步性和信息透明度来衡量企业的信息环境（Morck等，2000；Hutton等，2009），股价同步性越高、信息透明度越低表示企业的信息环境越差，此时反收购条款对企业创新的抑制作用更为显著。参考Gul等（2010）的方法，本章采用市场模型计算股价同步性；参考Hutton等（2009）的方法，本章使用近三年可操作性应计盈余的绝对值的总和来衡量企业信息透明度，该值越大表明信息透明度越低。本章首先计算了每个公司在样本周期内股价同步性和信息透明度的平均值，进而按照该平均值的中位数对样本进行了分组。由表8-10的检验结果可知，反收购条款的回归系数仅在股价同步性高、信息透明度低的样本中显著。换言之，反收购条款的堑壕效应在信息环境较薄弱的企业中更加显著。限于篇幅在此未赘述控制变量回归结果。

表8-10 **基于信息环境的检验结果**

| 变量 | (1) | (2) | (3) | (4) | (5) | (6) | (7) | (8) |
|---|---|---|---|---|---|---|---|---|
| | 股价同步性高 | | 股价同步性低 | | 信息透明度低 | | 信息透明度高 | |
| | RD | Patent | RD | Patent | RD | Patent | RD | Patent |
| ATP | -0.003** | -0.130*** | -0.002 | -0.023 | -0.004*** | -0.140*** | -0.002 | -0.007 |
| | (-2.258) | (-4.713) | (-1.285) | (-0.752) | (-4.570) | (-4.294) | (-1.329) | (-1.343) |
| Constant | 0.039*** | -8.736*** | 0.019 | -12.007*** | 0.041** | -11.363*** | 0.032*** | -9.777*** |
| | (2.677) | (-9.886) | (1.643) | (-15.775) | (2.342) | (-12.997) | (2.911) | (-14.008) |
| Control | YES | YES | YES | YES | YES | YES | YES | YES |
| Year/Ind | YES | YES | YES | YES | YES | YES | YES | YES |
| N | 14 659 | 14 659 | 12 276 | 12 276 | 12 383 | 123 83 | 14 552 | 14 552 |
| Adj-$R^2$ | 0.446 | 0.349 | 0.367 | 0.377 | 0.426 | 0.386 | 0.391 | 0.362 |

注：***、**、*分别表示回归系数在1%、5%、10%的水平上显著。

（3）法治环境

良好的法治环境可以对公司内部治理产生影响（La Porta等，1998；罗党论和唐清泉，2007），有助于促进企业创新（Brown等，2013；潘越等，2015）。在不同的法治环境下反收购条款发挥的作用可能存在差异。在法治环境薄弱的地区，反收购条款会加剧控股股东堑壕效应和管理层堑壕效应，进而导致企业创新更少。本章以王小鲁等（2019）编制的各地区“市场中介组织的发育和法治环境指数”和“市场化总指数”来衡量法治环境，按照前文类似的方法将样本分为两组进行检验。从表8-11中列（1）至列（4）的结果可知，在法治环境薄弱的地区反收购条款对企业创新的抑制作用更为显著，列（5）至列（8）的结果也支持上述论断。限于篇幅在此未赘述控制变量回归结果。

表8-11　　　　**基于法治环境的检验结果**

| 变量 | (1) | (2) | (3) | (4) | (5) | (6) | (7) | (8) |
|---|---|---|---|---|---|---|---|---|
| | 法治环境良好 | | 法治环境薄弱 | | 市场化程度高 | | 市场化程度低 | |
| | RD | Patent | RD | Patent | RD | Patent | RD | Patent |
| ATP | -0.000 | -0.032 | -0.002*** | -0.208*** | -0.001 | -0.034 | -0.002*** | -0.178*** |
| | (-0.517) | (-1.249) | (-3.524) | (-5.040) | (-1.410) | (-1.444) | (-2.961) | (-4.362) |
| Constant | 0.037*** | -9.727*** | 0.023 | -8.590*** | 0.051 | -9.310 | 0.041*** | -8.952*** |
| | (2.951) | (-12.035) | (1.585) | (-8.856) | (0.000) | (-0.001) | (2.918) | (-8.262) |
| Control | YES | YES | YES | YES | YES | YES | YES | YES |
| Year/Ind | YES | YES | YES | YES | YES | YES | YES | YES |
| N | 21 880 | 21 880 | 5 055 | 5 055 | 22 675 | 226 754 | 4 260 | 4 260 |
| Adj-$R^2$ | 0.398 | 0.357 | 0.356 | 0.373 | 0.405 | 0.360 | 0.334 | 0.354 |

注：***、**、*分别表示回归系数在1%、5%、10%的水平上显著。

# 第9章 反收购条款与企业超额现金持有

## 9.1 研究问题的提出

在研究企业的现金持有问题时，通常会从公司的现金持有动机和现金持有价值等方面进行分析。现金是企业的一种资产，流动性强、监管难度大，对公司的各种投融资行为和经营行为产生直接影响。在实践方面，近年来，在国内外公司的总资产中，现金所占的比重越来越大。设置反收购条款可以影响公司的治理结构，进而影响公司的现金持有水平和价值。基于此，本章检验了公司章程自治性条款中的反收购条款与超额现金持有的关系。

## 9.2 理论分析与研究假设

在企业的经营管理中，如何进行现金管理是一个非常关键的问题。国内外学者从多个方面对企业超额现金持有的影响因素进行了分析。

Blanchard等（1994）的一项研究调查了11个接受大量现金补偿的美国企业，调查结果显示其选择了持有现金，或者进行了一些收益较低的投资。Harford等（1999）发现拥有大量现金的企业更倾向于兼并，而这类收购或者是分散式的，损害了股东的利益；或者价值不高。郑宝红和曹丹婷（2018）的研究也发现，由于代理费用不同，公司的财务决策对公司现金持有价值的影响会很大。企业的现金价值主要是为了减少外部资金的成本，防止由于错过了投资机会而导致亏损。

（1）反收购条款会增加企业超额现金持有

第一，反收购条款减弱了外部监督，使管理层在进行经营相关决策时缺少外部市场给出的相关信息，从而导致超额现金持有。反收购条款使企业的自身控制能力加强，但这也导致企业受到控制权市场的监督效用被削弱（Bebchuk和Cohen，2005）。敌意收购作为提升公司治理水平的一项重要的外部工具，是检验公司长期经营管理情况和提高公司治理水平的重要工具。缺少了这项工具，会使管理层准确高效进行企业经营管理决策的难度加大，导致经营决策与常规状态出现偏差。第二，反收购条款加剧了企业的委托代理问题，导致管理层可能为了个人利益而进行超额现金持有的经营决策。企业设置反收购条款后，管理层受到控制权市场的约束作用降低，巩固了管理层的地位，会加剧影响管理层对控制权私人利益的提取，管理层失去了动力去创造公司价值（Masulis等，2009）。高管会通过超额持有现金产生更多的私利行为。当管理者掌握的资源越来越多时，他们可以享有更高的声望、更多的工作开支、更多的金钱和非货币收入（Jiang和Lie，2016）。因而，设置反收购条款会促使企业经济资源的不合理配置，管理者为了自身的利益，获取更为安定的生活，促进企业持有更多现金。因此，本章提出第一个假设：

研究假设9-1：反收购条款会增加企业超额现金持有。

（2）反收购条款会减少企业超额现金持有

首先，当面临敌意收购的威胁时，管理者可能因为忙于应对来自外界的威胁而无暇认真思考公司的投资决策，出现投资决策失误。反收购条款可以稳定股权结构，降低公司被收购的可能性（Bates等，2008）。管理者也因此减轻了被恶意收购的担忧，从而更专注于长期稳定经营，对企业未来的发展更有自信，进而减少超额持有现金的行为（Straska和Waller，2014）。其次，设立反收购条款可以帮助管理层和企业形成长期的合同关系，激发管理层使用更多的专门化技巧，同时也可以防止企业因管理人员的流失而蒙受损失。另外，公司作为一个可持续运作的组织，必须维持其稳定性与持续性。在面对收购的威胁时，收购的压力会造成管理层的短视，从而使管理者以长远的收益来换取目前的收益（Stein，1988）。根据短视理论，当设置了反收购条款，收购威胁降低后，管理者会选择放弃长期稳定经营的目标，为了获取更大的利润，选择一些高投入、高回报经营项目，进而减少超额现金持有。因此，本章提出第二个假设：

研究假设9-2：反收购条款会减少企业超额现金持有。

## 9.3 研究设计

### 9.3.1 样本选择与数据来源

本章以2007—2020年中国沪深A股上市公司为研究对象，在删除ST和*ST公司、金融类公司和现金持有模型残差小于0的公司之后，最终获得15 848个年度观测样本。反收购条款来自本书构建的反收购条款数据库，企业层面数据来自CSMAR和CNRDS。

### 9.3.2 变量定义与计量

（1）被解释变量

参考Opler等（1999）、Kusnadi（2011）、Gao等（2013）、Attig等（2013）的研究，本章采用现金持有目标的调整模型来计算企业超额现金持有规模。

$$\begin{aligned}\mathrm{Ln}\left(\mathrm{Cash}_{i,t}\right) = {} & \alpha_0 + \alpha_1\mathrm{Size}_{i,t} + \alpha_2\mathrm{Lev}_{i,t} + \alpha_3\mathrm{Ocf}_{i,t} + \alpha_4\mathrm{Turnover}_{i,t} + \\ & \alpha_5\mathrm{NWC}_{i,t} + \alpha_6\mathrm{Capex}_{i,t} + \alpha_7\mathrm{Growth}_{i,t} + \sum\mathrm{YearDummy} \\ & +\sum\mathrm{IndustryDummy} + \varepsilon_{i,t}\end{aligned} \tag{9.1}$$

其中，$\mathrm{Cash}_{i,t}$表示公司所持有的现金占总资产的比例；$\mathrm{Size}_{i,t}$表示

企业总资产的自然对数；$Lev_{i,t}$表示企业的资产负债率；$Ocf_{i,t}$表示经营活动产生的现金流入与经营活动产生的现金流出之差；$Turnover_{i,t}$表示企业的总资产周转率；$NWC_{i,t}$表示企业的净营运资本；$Capex_{i,t}$表示企业的资本性支出；$Growth_{i,t}$表示企业营业收入的增长率；残差大于0则表示公司超额持有现金，即为$Excash_{i,t}$。

（2）解释变量

借鉴Chemmanur和Tian（2018）的做法，本章以上市公司反收购条款数量衡量ATP。

（3）控制变量

借鉴Opler等（1999）、Harford等（2008）学者的研究成果，本章设计了许多控制变量，变量定义见表9-1。

表9-1　**变量定义表**

| 变量类型 | 变量名称 | 变量符号 | 变量定义 |
|---|---|---|---|
| 被解释变量 | 超额现金持有 | Excash | 借鉴Opler等模型计量获取 |
| 解释变量 | 反收购条款数量 | ATP | 公司章程中反收购条款的数量 |
| 控制变量 | 企业规模 | Size | Ln（总资产） |
| | 上市年龄 | Age | Ln（上市年龄+1） |
| | 财务杠杆 | Lev | 资产负债率 |
| | 盈利能力 | ROA | 总资产收益率 |
| | 经营现金流 | OCF | 经营活动现金流净值/总资产 |
| | 净营运资本 | NWC | 净营运资本/总资产 |
| | 资本性支出 | Capex | 资本性支出/总资产 |
| | 成长性 | Growth | 营业收入增长率 |
| | 每股股利 | Div | 每股税前现金股利 |
| | 董事会规模 | Dsize | Ln（董事会人数） |
| | 独董比例 | Dir | 独董人数/董事会总人数 |
| | 管理层持股 | Exeshare | 管理层持股比例 |
| | 股权集中度 | Top1 | 第一大股东持股比例 |
| | 年度 | Ind | 年度哑变量 |
| | 行业 | Year | 行业哑变量 |

### 9.3.3 检验模型设计

为了验证反收购条款对企业超额现金持有的影响，构建实证模型（9.2）来衡量反收购条款对公司超额现金持有的影响。当模型（9.2）中的系数$\beta_1$显著为正时表示设置反收购条款使公司的超额现金持有增加，反之则表示反收购条款使公司的超额现金持有减少。具体如下：

$$Excash_{i,t} = \beta_0 + \beta_1 ATP_{i,t} + \beta_2 \sum Control + \sum Year_{i,t} + \sum Industry_{i,t} + \varepsilon_{i,t} \quad (9.2)$$

其中，$Excash_{i,t}$为企业超额现金持有；ATP为企业设置反收购条款的数量。如果$\beta_1$显著为正，研究假设9-1将得以证明。反之，研究假设9-2将得以证明。

## 9.4 实证结果与分析

### 9.4.1 描述性统计分析

表9-2显示了描述性统计的结果。由表9-2可知企业超额现金持有（Excash）的均值为0.467。企业设置的反收购条款数量（ATP）的均值为0.587，最小值为0.000，50%分位的值为0.000，最大值为12.000，这意味着在我国的企业中设置反收购条款的公司占比不大，许多企业的反收购意识有待增强。限于篇幅在此未赘述控制变量的描述性统计结果。

表9-2 **描述性统计结果**

| 变量 | 样本量 | 均值 | 标准差 | 最小值 | P25 | P50 | P75 | 最大值 |
|---|---|---|---|---|---|---|---|---|
| Excash | 15 848 | 0.467 | 0.289 | 0.010 | 0.226 | 0.442 | 0.690 | 1.161 |
| ATP | 15 848 | 0.587 | 0.891 | 0.000 | 0.000 | 0.000 | 1.000 | 12.000 |

根据企业是否设置反收购条款将全部样本分为两个部分，分别为设置反收购条款组与没有设置反收购条款组，然后分别对两组样本进行t检验和Wilcoxon Z检验。表9-3列示了t检验和Wilcoxon Z检验的结果。

由表9-3可知，未设置反收购条款样本组的超额现金持有（Excash）的均值为0.446，设置反收购条款样本组的超额现金持有（Excash）的均值为0.497；未设置反收购条款样本组的超额现金持有（Excash）的中位数为0.422，设置反收购条款的样本组的超额现金持有（Excash）的中位数为0.473。说明设置了反收购条款的企业比未设置反收购条款的企业的超额现金持有更多，支持了假设9-1。限于篇幅控制变量的组间差异并未详细汇报。

表9-3 **单因素分析结果**

| 变量 | 未设置反收购条款（N=9 522） | | 设置反收购条款（N=6 326） | | t test | Wilcoxon Z |
|---|---|---|---|---|---|---|
| | 均值 | 中位数 | 均值 | 中位数 | | |
| Excash | 0.446 | 0.422 | 0.497 | 0.473 | -0.051*** | 49.100*** |

注：***、**、*分别表示回归系数在1%、5%、10%的水平上显著。

## 9.4.2 相关性检验

由表9-4可知，企业设置反收购条款的数量（ATP）与企业超额现金持有（Excash）的系数为正，这初步印证了本章的假设9-1，而具体的关系需要根据之后的回归结果进一步验证。各变量之间的Pearson相关系数的绝对值都小于0.6，由此表明不存在多重共线性问题。

## 9.4.3 回归结果分析

本章使用模型（9.2）对反收购条款和公司超额现金持有水平的关系进行研究和检验，分别回归检验了在不考虑控制变量、考虑控制变量但不控制行业效应和年度效应以及在回归中考虑控制变量且控制行业效应和年度效应的几种情况，对各变量进行回归分析，具体的回归结果见表9-5。从表9-5的回归结果中可知，在不考虑控制变量、考虑控制变量但不控制行业效应和年度效应以及在回归中考虑控制变量且控制行业效应和年度效应的情况下，企业设置反收购条款的数量（ATP）与企业超额现金持有（Excash）均在1%的水平上显著正相关。其中在考

表9-4 相关性检验结果

| 变量 | Excash | ATP | Size | Age | Lev | ROE | OCF | NWC | Capex | Growth | Div | Dsize | Dir | Exeshare | Top1 |
|---|---|---|---|---|---|---|---|---|---|---|---|---|---|---|---|
| Excash | 1.000 | | | | | | | | | | | | | | |
| ATP | 0.088*** | 1.000 | | | | | | | | | | | | | |
| Size | -0.019** | 0.080*** | 1.000 | | | | | | | | | | | | |
| Age | -0.165*** | 0.130*** | 0.464*** | 1.000 | | | | | | | | | | | |
| Lev | -0.068*** | 0.045*** | 0.553*** | 0.448*** | 1.000 | | | | | | | | | | |
| ROE | 0.100*** | -0.003 | 0.074*** | -0.162*** | -0.139*** | 1.000 | | | | | | | | | |
| OCF | 0.012 | 0.047*** | 0.060*** | 0.048*** | -0.095*** | 0.250*** | 1.000 | | | | | | | | |
| NWC | -0.075*** | -0.035*** | -0.248*** | -0.284*** | -0.519*** | 0.142*** | -0.145*** | 1.000 | | | | | | | |
| Capex | -0.048*** | -0.031*** | -0.108*** | -0.259*** | -0.104*** | 0.093*** | 0.089*** | -0.153*** | 1.000 | | | | | | |
| Growth | -0.055*** | -0.038*** | 0.071*** | -0.029*** | 0.072*** | 0.288*** | 0.063*** | 0.004 | 0.096*** | 1.000 | | | | | |
| Div | 0.174*** | 0.011 | 0.116*** | -0.214*** | -0.213*** | 0.451*** | 0.251*** | 0.127*** | 0.064*** | 0.078*** | 1.000 | | | | |
| Dsize | 0.006 | 0.010 | 0.212*** | 0.110*** | 0.144*** | 0.027*** | 0.011 | -0.167*** | 0.035*** | 0.014* | 0.019** | 1.000 | | | |
| Dir | 0.012 | -0.015* | 0.058*** | -0.009 | -0.012 | -0.012 | 0.003 | 0.051*** | -0.016** | -0.008 | -0.004 | -0.514*** | 1.000 | | |
| Exeshare | 0.089*** | -0.072*** | -0.379*** | -0.569*** | -0.371*** | 0.088*** | -0.017** | 0.288*** | 0.138*** | 0.061*** | 0.137*** | -0.213*** | 0.075*** | 1.000 | |
| Top1 | 0.048*** | -0.055*** | 0.164*** | -0.080*** | 0.025*** | 0.123*** | 0.041*** | -0.021*** | 0.023*** | -0.007 | 0.141*** | 0.003 | 0.050*** | -0.118*** | 1.000 |

注：***、**、*分别表示回归系数在1%、5%、10%的水平上显著。

虑控制变量且控制行业效应和年度效应的回归中企业设置的反收购条款数量（ATP）与企业超额现金（Excash）持有的系数为0.031，在1%的水平上显著正相关，说明企业在设置反收购条款以后，超额持有现金行为会更加严重，且随着设置反收购条款数量的增加，会增加企业的超额现金持有。在表9-5的回归结果中，控制变量的符号与主流的研究文献基本一致。整体而言，企业设置反收购条款促进企业超额现金持有，支持了假设9-1。限于篇幅在此未赘述控制变量回归结果。

表9-5　　**反收购条款与超额现金持有的回归结果**

| 变量 | Excash | | |
|---|---|---|---|
| | （1） | （2） | （3） |
| ATP | 0.029*** | 0.034*** | 0.031*** |
| | （7.536） | （9.286） | （8.546） |
| Constant | 0.450*** | 0.353*** | 0.743*** |
| | （110.484） | （3.922） | （8.586） |
| Control | NO | YES | YES |
| Year/Ind | NO | NO | YES |
| N | 15 848 | 15 848 | 15 848 |
| $R^2$ | 0.008 | 0.108 | 0.152 |

注：***、**、*分别表示回归系数在1%、5%、10%的水平上显著。

## 9.5 稳健性检验

### 9.5.1 PSM

本章采用倾向得分匹配法来寻找对照组，如大部分持有超额现金的企业更倾向于设置反收购条款，导致其超额持有现金大于未设置反收购条款的企业，从而影响最后的回归结果。为了解决这种问题，本章利用最近邻匹配1∶1筛选，进行了一对一不放回的倾向得分匹配有效性检验，为每一个设置反收购条款的上市公司（实验组）匹配一个与其特征极为相似、但又未设置反收购条款的公司（控制组），并且平衡性检验中实验组与控制组的特征并无显著差异。反收购条款数量（ATP）与企业超额现金持有（Excash）的回归系数为0.032，在1%的水平上显著为正，说明公司章程设置反收购条款显著促进了企业的超额现金持有。这一结果验证了本章的假设9-1。限于篇幅在此未赘述稳健性检验回归结果。

### 9.5.2 Heckman两阶段模型

为了防止样本选取偏差对于研究结果产生的影响，本章使用Heckman两阶段模型，再次验证实证结果的有效性。

第一阶段，构建反收购条款数量的决定因素模型，采用Probit回归估计，计算出逆米尔斯比率（IMR）。具体模型如下：

$$ATPD_{i,t} = \chi_0 + \chi_1 ROA_{i,t} + \chi_2 \sum Control + \sum Year_{i,t} + \sum Industry_{i,t} + \varepsilon_{i,t} \quad (9.3)$$

其中，其中ATPD为反收购条款设置的虚拟变量，企业未设置反收购条款ATPD赋值为0，设置反收购条款ATPD则赋值为1；Control为控制变量，与检验模型（9.2）相同；ROA为总资产收益率，等于税后净利润/总资产。

第二阶段，将逆米尔斯比率（IMR）作为控制变量加入模型（9.2）中，得到如下模型，进行回归分析。

$$\begin{aligned} Excash_{i,t} = {} & \delta_0 + \delta_1 ATP_{i,t} + \delta_2 \sum Control + \delta_3 IMR_{i,t} + \sum Year_{i,t} \\ & + \sum Industry_{i,t} + \varepsilon_{i,t} \end{aligned} \quad (9.4)$$

反收购条款数量（ATP）和超额现金持有（Excash）的回归系数显著为正，这与前文结论是一致的。同时，逆米尔斯比率（IMR）与超额现金持有（Excash）的回归结果是显著的。这表明，在本章所研究的超额现金持有公司样本中，有一些样本的选择性偏差，而在控制样本选择性偏差后，其回归结果并未出现明显的变化，这在一定程度上排除了本章的内生性问题，从而进一步验证了本章结论的可信度。

### 9.5.3 固定效应模型

本章采用个体固定效应模型进行重新估计。反收购条款数量（ATP）与企业超额现金持有（Excash）的回归系数均在1%的水平上显著为正，证实了研究假设9-1。

### 9.5.4 更换变量

本章用回归残差模型进行计算，将超额现金持有残差取值大于0的部分作为被解释变量样本。为排除由于选取样本误差而导致的偏差，选取回归模型残差值的全样本为被解释变量（Excash_N）再次进行回归检验。更换因变量样本之后反收购条款的数量（ATP）与企业超额现金持有（Excash_N）的回归结果依然显著为正，与前文的检验结果一致。

本章将企业未设置反收购条款（ATPD）赋值为0，设置反收购条款（ATPD）则赋值为1。用反收购条款的设置与企业超额现金持有（Excash）进行回归检验。反收购条款的设置与企业超额现金持有的回归系数为0.055，在1%的水平上显著为正，仍支持本章假设9-1，与前文的结论是一致的。

## 9.6 作用机制分析

反收购条款的设置造成了公司经营权与所有权的分离，从而在公司内部形成了委托代理问题。为检验公司章程中的反收购条款通过增加股东和管理层之间代理成本进而促进公司超额现金持有的推断，设定如下模型进行检验：

$$Agency_{i,t} = \phi_0 + \phi_1 ATP_{i,t} + \phi_2 \sum Control + \sum Year_{i,t} + \sum Industry_{i,t} + \varepsilon_{i,t} \quad (9.5)$$

$$Excash_{i,t} = \varphi_0 + \varphi_1 ATP_{i,t} + \varphi_2 Agency_{i,t} + \varphi_3 \sum Control + \sum Year_{i,t} + \sum Industry_{i,t} + \varepsilon_{i,t} \quad (9.6)$$

其中，$Agency_{i,t}$表示股东与管理层之间的代理成本，具体参考Ang等（2000）、罗进辉等（2017）和陈克兢（2019）的做法，采用（管理费用+销售费用）/主营业务收入来计量。

基于股东与管理层代理成本的中介效应模型回归结果见表9-6。模型（9.5）的结果表明反收购条款数量（ATP）与第一类代理成本（Agency）的回归系数显著为正，这意味着在设置反收购条款数量更多的公司，其第一类代理成本会更高；根据模型（9.6），反收购条款数量（ATP）与代理成本（Agency）的系数均是显著的，说明在反收购条款的设置促进企业超额现金持有的过程中，管理层代理成本起到了中介作用。限于篇幅在此未赘述控制变量回归结果。

表9-6 代理成本的中介效应检验结果

| 变量 | Agency | Excash |
| --- | --- | --- |
| | （1） | （2） |
| ATP | 0.016*** | 0.030*** |
| | （4.514） | （7.693） |
| Agency | | 0.137*** |
| | | （6.334） |
| Constant | 0.184*** | 0.715*** |
| | （4.133） | （8.288） |
| Control | YES | YES |
| Year/Ind | YES | YES |
| N | 15 848 | 15 848 |
| Adj-$R^2$ | 0.667 | 0.158 |

注：***、**、*分别表示回归系数在1%、5%、10%的水平上显著。

## 9.7 异质性分析

### 9.7.1 两权分离度

以两权分离度为度量指标，本章把样本分为两权分离度低和两权分离度高的两组。如果企业的所有权与控制权差值较小，则两权分离度低；如果所有权与控制权存在差值较大，则两权分离度高。分组后，依据模型（9.2）对样本进行回归。从表9-7中的回归结果可知，当企业两权分离度低时，反收购条款数量（ATP）与超额现金持有（Excash）的回归系数不显著。而当企业的两权分离度高时，反收购条款数量（ATP）与超额现金持有（Excash）的回归系数显著为正。这一结果可以解释为，与两权分离度低的企业相比，企业的控制权与所有权分离程度较大时，股东对于现金的控制权相对较低，对于持有现金的价值及数额的控制更依赖管理层人员，管理者可能因为谋求安稳发展而超额持有现金。说明相比所有权与控制权分离程度低的企业，反收购条款对超额现金持有的影响在两权分离度高的企业中更显著。限于篇幅在此未赘述控制变量回归结果。

表9-7　　基于两权分离度的异质性分析结果

| 变量 | 两权分离度低 | 两权分离度高 |
|---|---|---|
| | （1） | （2） |
| ATP | 0.009 | 0.045*** |
| | （1.580） | （9.873） |
| Constant | 0.542*** | 0.369** |
| | （4.540） | （2.172） |
| Control | YES | YES |
| Year/Ind | YES | YES |
| 组间差异检验 | 52.51 | |
| | 0.000*** | |
| N | 7 924 | 7 924 |
| Adj-$R^2$ | 0.158 | 0.137 |

注：***、**、*分别表示回归系数在1%、5%、10%的水平上显著。

### 9.7.2 管理层持股

用管理层的持股比例（Exeshare）作为衡量标准，在样本企业中，管理层持股比例在中位数水平以上时，就是管理层持股占比较高的一组；反之，就是管理层持股比例较低的一组。分组后，根据模型（9.2）对样本进行了回归。从表9-8中的回归结果可知，当企业管理层持股比例较高时，反收购条款的回归系数并不显著；当企业管理层持股比例较低时，反收购条款的回归系数显著为正。由于受到反收购条款的影响而倾向超额现金持有的管理层属于更愿意谋求稳定发展的部分，企业设置反收购条款为企业的管理层减轻了压力，因此当他们持有较低比例股份时，更可能持有超额现金。因此，反收购条款对超额现金持有的作用在管理层持股比例低的企业中更加显著。限于篇幅在此未赘述控制变量回归结果。

表9-8 **基于管理层持股的异质性分析结果**

| 变量 | 管理层持股比例高 | 管理层持股比例低 |
|---|---|---|
| | (1) | (2) |
| ATP | 0.008 | 0.047*** |
| | (1.499) | (8.976) |
| Constant | 0.593*** | 0.373*** |
| | (3.741) | (2.656) |
| Control | YES | YES |
| Year/Ind | YES | YES |
| 组间差异检验 | 64.19 | |
| | 0.000*** | |
| N | 7 924 | 7 924 |
| Adj-$R^2$ | 0.220 | 0.127 |

注：***、**、*分别表示回归系数在1%、5%、10%的水平上显著。

# 第五篇　总结篇

# 第10章　结论与展望

## 10.1　主要研究结论

作为自治性较强的公司章程条款之一，反收购条款一直是公司治理领域的热点话题。随着股权分置改革的完成，2007年中国开始迈入股权全流通时代，公司控制权市场逐渐进入高速发展阶段。随之而来的是公司控制权之争频繁出现，上市公司与“野蛮人”之间的博弈日益激化。本书构建了中国上市公司反收购条款数据库，分别检验了反收购条款对公司治理和经营决策的影响，并得出了如下研究结论：

第一，基于文本分析技术，构建了中国上市公司反收购条款数据库。本书归纳出中国上市公司反收购条款的种类和判别标准，通过Python文本分析技术从5万多份上市公司的公司章程中提炼反收购条款数据，并与人工随机抽样校对获得的数据进行对比，寻找文本分析过程中可能存在的问题，改进Python代码后重新获取数据，最终构建中国上市公司反收购条款数据库。同时，采用实证分析对反收购条款数据的精准性进行了检验，结果显示反收购条款的数据识别较为精准。反收购条款设置影响因素的研究结果显示，股权集中度越低、两权分离度越大、高管薪酬越高、资产负债率越低、账面市值比越大的上市公司越倾向于设置反收购条款。

第二，自治性公司章程条款为上市公司高管的私利行为提供了庇护，即反收购条款会诱发高管超额在职消费。作用机制分析结果显示，反收购条款会削弱公司控制权市场和激励契约对高管的治理作用，进而导致高管自利行为的发生。异质性分析结果表明，强反收购效应条款和事前防御条款可以显著发挥堑壕效应。在高管主导制定反收购条款或公司治理薄弱时，反收购条款的堑壕效应更显著。

第三，反收购条款的设置会诱发高管的短视行为。反收购条款的设置在抵御外部收购威胁的同时也削弱了控制权市场对管理层的监督和约束作用，保护并巩固了管理层的地位，引发明显的“内部人控制”问题。具体表现为，反收购条款减弱了管理层薪酬业绩敏感性和变更业绩敏感性。

第四，反收购条款能够削弱控制权市场的监督作用，进而导致公司违规行为的增加。作用机制结果显示，反收购条款增加了代理成本，进而导致公司违规行为的增加。在股权集中度较低、民营企业和法治环境薄弱的公司中，反收购条款对于公司违规行为的影响程度更加显著。

第五，反收购条款会降低企业投资效率，这种作用更多地表现为加剧企业过度投资而非投资不足。作用机制分析结果表明，反收购条款会加剧内部人控制进而导致企业的非效率投资行为。异质性分析结果显示，当企业设置反收购效应较强条款、事前防御条款和巩固管理层职位条款时，反收购条款的私利攫取效应更为显著。在家族企业中设置反收购条款存在价值创造效应，而在民营企业、股权分散企业或无实际控制人企业中设置反收购条款却存在私利攫取效应。

第六，反收购条款具有堑壕效应，会抑制企业的创新活动。作用机理的检验结果表明，反收购条款通过加剧控股股东堑壕效应和管理层堑壕效应来抑制企业创新。异质性分析的结果表明，并非每一个单一反收购条款或反收购条款组合都可以显著地发挥堑壕效应。在反收购条款效应较强、被收购可能性较高、信息环境薄弱的企业或法治环境薄弱的地区，反收购条款的堑壕效应更加显著。

第七，反收购条款会增加企业的超额现金持有。反收购条款通过增加股东与管理者之间的代理成本来影响企业现金持有行为。相比所有权与控制权分离程度低的企业，反收购条款对超额现金持有的影响在两权分离度高的企业中更显著。与管理层持股比例较高的企业相比，反收购条款对管理层持股比例较低企业的超额现金持有的影响更加显著。

## 10.2 未来研究展望

结合反收购条款研究现状，未来的研究可以从以下方面展开：

第一，现阶段我国上市公司章程中共有14种反收购条款，不同条款的反收购效应存在一定差异。但是，现有研究并未能提供关于反收购条款赋权问题的解决方案，进而导致学者们只能通过数量来衡量反收购条款的效应（Gompers等，2003；Bebchuk等，2009；陈玉罡和石芳，2014；Chemmanur和Tian，2018），即赋予不同反收购条款相同的权重。本书尝试采用专家打分法来确定各个反收购条款的权重，然而该方法高度依赖专家自身的专业知识和实践经验，导致赋权的结果可能存在一定的偏差。在未来的研究中，学者们可以围绕反收购条款效应的识别开展研究，为不同反收购条款赋权提供现实依据。

第二，反收购条款设置的焦点在于管理者和股东之间的冲突问题，现有的文献主要从委托代理理论来探讨反收购条款设置的动机，忽视了其他理论框架下可能存在的动机。从委托代理理论的视角看，反收购条款挑战了委托代理理论的“股东利益至上观”，会激化股东与管理层之间的代理冲突。如果仅从代理动机的角度来看股东并不会授权管理层设置反收购条款，但是这与上市公司设置反收购条款的实践相悖，因此需要结合其他理论来探讨上市公司设置反收购条款隐藏的动机。例如，管家理论认为管理层要为公司的利益相关者服务（Donaldson，1990；Davis等，1997；李维安等，2009）。委托代理理论还忽视了管理层向企业投入的人力资本和社会资本所形成的资产专用性（Anderson和Reeb，

2003；夏立军等，2012），当这些资本与公司捆绑在一起时，管理层有较强的动机通过设置反收购条款来保护个人和公司的利益。整体而言，上市公司实施反收购条款的动机是多样的，只有全面分析反收购条款的设置动机才能揭示行为背后的意图。

第三，后续研究可以从法律法规、交易所、律师事务所等方面寻找反收购条款的治理机制。首先，作为我国投资者保护方面的重要法律文件，新《证券法》的出台取得了显著的成果，特别是在中小投资者权益维护方面。公司章程自治的前提条件是不能违反法律法规明文规定，而有部分反收购条款违反了我国现行的法律法规，损害了中小股东利益（叶林和吴烨，2017；张泽和罗娜，2019），法治建设的完善将对不当反收购条款形成有效的外部约束。其次，作为一种非处罚性监管，交易所通过问询函对上市公司的经营决策、公司治理、信息披露等问题形成有效的监管（陈运森等，2018；张俊生等，2018；李晓溪等，2019）。围绕上市公司设置反收购条款问题，交易所从信息披露的角度发出问询函，督促上市公司设置合法合规的反收购条款。交易所的监管问询可以有效约束上市公司设置不当的反收购条款。最后，作为重要的中介服务机构，律师事务所在资本市场中发挥重要的作用（杜兴强等，2013）。律师事务所利用专业知识和技能为上市公司提供各种法律服务和咨询服务，比如公司章程、股东大会、收购方案、再融资等方面。一个优秀的律师事务所可以为上市公司提供高质量的法律咨询服务，利用其专业的知识储备帮助上市公司在公司章程中设立合法合规的反收购条款，帮助企业抵御敌意收购。另外，新《证券法》也强化了中介服务机构的责任，这提高了对律师事务所提供法律服务的要求。上市公司在设置反收购条款时会寻求律师事务所的帮助，律师会给上市公司章程条款提供专业的服务和指导。此时，上市公司往往并不会设置一些违法违规的反收购条款，而优秀的律师事务所可以给上市公司设置反收购条款提供有益的服务。

# 参考文献


[1] ALTONJI J G, ELDER T E, TABER C R. Selection on Observed and Unobserved Variables: Assessing the Effectiveness of Catholic Schools [J]. Journal of Political Economy, 2005, 113 (1): 151–184.

[2] ANDERSON R C, REEB D M. Founding-Family Ownership and Firm Performance: Evidence from the S&P 500 [J]. The Journal of Finance, 2003, 58 (3): 1301–1327.

[3] ANG J S, COLE R A, LIN J W. Agency Costs and Ownership Structure [J]. The Journal of Finance, 2000, 55 (1): 81–106.

[4] ATANASSOV J. Do Hostile Takeovers Stifle Innovation? Evidence from Antitakeover Legislation and Corporate Patenting [J]. Journal of Finance, 2013, 68 (3): 1097–1131.

[5] ATTIG N, EL GHOUL S, GUEDHAMI O, et al. The Governance Role of Multiple Large Shareholders: Evidence from the Valuation of Cash Holdings [J]. Journal of Management & Governance, 2013, 17 (2): 419–451.

[6] AULETTA K, BROTHERS L. Greed and Glory on Wall Street: The Fall of the House of Lehman [M]. New York: Random House, 1986.

[7] BANERJEE S, DASGUPTA S, KIM Y. Buyer-Supplier Relationships and the Stakeholder Theory of Capital Structure [J]. The Journal of Finance, 2008, 63 (5): 2507–2552.

[8] BATES T W, BECHER D A, LEMMON M L. Board Classification and Managerial Entrenchment: Evidence from the Market for Corporate Control [J]. Journal of Financial Economics, 2008, 87 (3): 656-677.

[9] BEBCHUK L A, COHEN A, FERRELL A. What Matters in Corporate Governance? [J]. The Review of Financial Studies, 2009, 22 (2): 783-827.

[10] BEBCHUK L A, COHEN A. The Costs of Entrenched Boards [J]. Journal of Financial Economics, 2005, 78 (2): 409-433.

[11] BEBCHUK L A, STOLE L A. Do Short-term Objectives Lead to Under-or Overinvestment in Long-term Projects? [J]. The Journal of Finance, 1994, 48 (2): 719-730.

[12] BEBCHUK L A. Contractual Freedom in Corporate Law [J]. Columbia Law Review, 1989, 89 (7): 1395-1415.

[13] BECKER - BLEASE J R. Governance and Innovation [J]. Journal of Corporate Finance, 2011, 17 (4): 947-958.

[14] BERTRAND M, MULLAINATHAN S. Enjoying the Quiet Life? Corporate Governance and Managerial Preferences [J]. Journal of Political Economy, 2003, 111 (5): 1043-1075.

[15] BHATTACHARYA N F, ECKER P O, SCHIPPER K. Direct and Mediated Associations among Earnings Quality, Information Asymmetry, and the Cost of Equity [J]. The Accounting Review, 2012, 87 (2): 449-482.

[16] BHOJRAJ S, SENGUPTA P, ZHANG S. Takeover Defenses: Entrenchment and Efficiency [J]. Journal of Accounting & Economics, 2017, 63 (1): 142-160.

[17] BIDDLE G C, HILARY G, VERDI R S. How does Financial Reporting Quality Relate to Investment Efficiency? [J]. Journal of Accounting & Economics, 2009, 48 (2-3): 112-131.

[18] BLANCHARD O J, LOPEZ-DE-SILANES F, SHLEIFER A. What Do Firms Do with Cash Windfalls? [J]. Journal of Financial Economics, 1994, 36 (3): 337-360.

[19] BLAXILL M F, HOUT T M. The Fallacy of the Overhead Quick Fix [J]. Harvard Business Review, 1991, 69 (4): 93-101.

[20] BONNER J M. Customer Interactivity and New Product Performance: Moderating Effects of Product Newness and Product Embeddedness [J]. Industrial Marketing Management, 2010, 39 (3): 485-492.

[21] BORN J A, TRAHAN E A, FARIA H J. Golden Parachutes: Incentive Aligners, Management Entrenchers, or Takeover Bid Signals? [J]. Journal of Financial Research, 1993, 16 (4): 299-308.

[22] BOROKHOVICH K A, BRUNARSKI K R, PARRINO R. CEO Contracting and Antitakeover Amendments [J]. The Journal of Finance, 1997 (52): 1495-1517.

[23] BROCHET F, LOUMIOTI M, SERAFEIM G. Speaking of the Short-term: Disclosure Horizon and Managerial Myopia [J]. Review of Accounting Studies, 2015 (20): 1122-1163.

[24] BROWN J R, MARTINSSON G, PETERSEN B C. Law, Stock Markets and Innovation [J]. The Journal of Finance, 2013 (68): 1517-1549.

[25] BRUSA J, LEE W L, SHOOK C. Golden Parachutes, Managerial Incentives and Shareholders' Wealth [J]. Managerial Finance, 2009, 35 (4): 346-356.

[26] BUSHEE B J. The Influence of Institutional Investors on Myopic R&D Investment Behavior [J]. The Accounting Review, 1998, 73 (3): 305-333.

[27] BUSHMAN R M, PIOTROSKI J D, SMITH A J. What Determines Corporate Transparency? [J]. Journal of Accounting Research, 2004, 42 (2): 207-252.

[28] CAIN M D, MCKEON S B, SOLOMON S D. Do Takeover Laws Matter? Evidence from Five Decades of Hostile Takeovers [J]. Journal of Financial Economics, 2017, 124 (3): 464-485.

[29] CEN L, DASGUPTA S, SEN R. Discipline or Disruption? Stakeholder Relationships and the Effect of Takeover Threat [J]. Management Science, 2016, 62 (10): 2820-2841.

[30] CHAN S H, KENSINGER J W, KEOWN A J, et al. Do Strategic Alliances Create Value? [J]. Journal of Financial Economics, 1997, 46 (2): 199-221.

[31] CHEMMANUR T J, TIAN X. Do Antitakeover Provisions Spur Corporate Innovation? A Regression Discontinuity Analysis [J]. Journal of Financial and Quantitative Analysis, 2018, 53 (3): 1163-1194.

[32] CHEN I J, PAULRAJ A, LADO A A. Strategic Purchasing, Supply Management, and Firm Performance [J]. Journal of Operations Management, 2004, 22 (5): 505-523.

[33] CHEN L, LIU S, MANSO G. Shareholder Litigation and Corporate Innovation [J]. Management Science, 2020 (67): 3321–3984.

[34] CHEN W, HRIBAR P, MELESSA S. Incorrect Inferences when Using Residuals as Dependent Variables [J]. Journal of Accounting Research, 2018, 56 (3): 751–796.

[35] CHEN Y, NG J, YANG X.Talk Less, Learn More: Strategic Disclosure in Response to Managerial Learning from the Options Market [J]. Journal of Accounting Research, 2021, 59 (5): 1609–1649.

[36] CHEUNG Y L, HAW I M, HU B, et al.Common Institutional Investors and Supplier Performance in Supply Chains [J]. Journal of Operations Management, 2020, 66 (6): 670–696.

[37] CHO H, MUSLU V.How do Firms Change Investments Based on MD&A Disclosures of Peer Firms? [J]. The Accounting Review, 2021 (96): 177–204.

[38] CHOI J, MENON A, TABAKOVIC H.Using Machine Learning to Revisit the Diversification - Performance Relationship [J]. Strategic Management Journal, 2021, 42 (9): 1632–1661.

[39] COATES J. Explaining Variation in Takeover Defenses: Blame the Lawyers [J]. California Law Review, 2001, 89 (5): 1301–1421.

[40] CORE J E, HOLTHAUSEN R W, LARCKER D F.Corporate Governance, Chief Executive Officer Compensation, and Firm Performance [J]. Journal of Financial Economics, 1999, 51 (2): 141–152.

[41] CREMERS K, LITOV L P, SEPE S M.Staggered Boards and Long-term Firm Value, Revisited [J]. Journal of Financial Economics, 2017, 126 (2): 422–444.

[42] CUAT V, GIN M, GUADALUPE M.Price and Probability: Decomposing the Takeover Effects of Anti-takeover Provisions [J]. The Journal of Finance, 2020, 75 (5): 2591–2629.

[43] DAINES R, LI S X, WANG C C Y. Can Staggered Boards Improve Value?: Evidence from the Massachusetts Natural Experiment [J]. Contemporary Accounting Research, 2021, 38 (4): 3053–3084.

[44] DANIELSON M G, KARPOFF J M. Do Pills Poison Operating Performance? [J]. Journal of Corporate Finance, 2006, 12 (3): 536–559.

[45] DAVIS J H, SCHOORMAN F D, DONALDSON L. Towards a Stewardship Theory of Managemen [J]. Academy of Management

Review, 1997, 22 (1): 20-47.

[46] DEANGELO H, RICE E M. Antitakeover Charter Amendments and Stockholder Wealth [J]. Journal of Financial Economics, 1983, 11 (1-4): 329-359.

[47] DECHOW P, SKINNER D. Earnings Management: Reconciling the Views of Accounting Academics, Practitioners, and Regulators [J]. Accounting Horizons, 2000, 14 (2): 235-250.

[48] DENG Z, HOFMAN P S, NEWMAN A. Ownership Concentration and Product Innovation in Chinese Private SMEs [J]. Asia Pacific Journal of Management, 2013, 30 (3): 717-734.

[49] DONALDSON L. The Ethereal Hand: Organizational Economics and Management Theory [J]. Academy of Management Review, 1990 (15): 369-381.

[50] DUONG H N, NGUYEN J H, NGUYEN M, et al. Navigating through Economic Policy Uncertainty: The Role of Corporate Cash Holdings [J]. Journal of Corporate Finance, 2020 (62).

[51] DYCK A, ZINGALES L. Private Benefits of Control: An International Comparison [J]. The Journal of Finance, 2004, 59 (2): 537-600.

[52] FALEYE O. Classified Boards, Firm Value, and Managerial Entrenchment [J]. Journal of Financial Economics, 2007, 83 (2): 501-529.

[53] Fama F E. Agency Problems and the Theory of the Firm [J]. Journal of Political Economy, 1980, 88 (2): 288-307.

[54] FEE C E, HADLOCK C J, THOMAS S. Corporate Equity Ownership and the Governance of Product Market Relationships [J]. The Journal of Finance, 2006, 61 (3): 1217-1251.

[55] FICH E M, SHIVDASANI A. Financial Fraud, Director Reputation, and Shareholder Wealth [J]. Journal of Financial Economics, 2007, 86 (2): 306-336.

[56] FIELD L C, KARPOFF J M. Takeover Defenses of IPO Firms [J]. Journal of Finance, 2002, 57 (5): 1857-1889.

[57] FLYNN B B, HUO B, ZHAO X. The Impact of Supply Chain Integration on Performance: A Contingency and Configuration Approach [J]. Journal of Operations Management, 2010, 28 (1): 58-71.

[58] FRATTAROLI M. Does Protectionist Anti-Takeover Legislation Lead to

Managerial Entrenchment? [J]. Journal of Financial Economics, 2020, 136 (1): 106-136.

[59] GAO H, HARFORD J, LI K. Determinants of Corporate Cash Policy: Insights from Private Firms [J]. Journal of Financial Economics, 2013, 109 (3): 623-639.

[60] GILLAN S L. Recent Developments in Corporate Governance: An Overview [J]. Journal of Corporate Finance, 2006, 12 (3): 381-402.

[61] GIROUD X, MUELLER H M. Does Corporate Governance Matter in Competitive Industries? [J]. Journal of Financial Economics, 2010 (95): 312-331.

[62] GOKTAN M S, KIESCHNICK R.A Target's Perspective on the Effects of ATPs in Takeovers After Recognizing its Choice in the Process [J]. Journal of Corporate Finance, 2012, 18 (5): 1088-1103.

[63] GOMPERS P, ISHII J, METRICK A. Corporate Governance and Equity Prices [J]. The Quarterly Journal of Economics, 2003, 118 (1): 107-156.

[64] GORMLEY T A, MATSA D A. Playing It Safe? Managerial Preferences, Risk, and Agency Conflicts [J]. Journal of Financial Economics, 2016, 122 (3): 431-455.

[65] GOSMAN M L, KOHLBECK M J. Effects of the Existence and Identity of Major Customers on Supplier Profitability: Is Wal-Mart Different? [J]. Journal of Management Accounting Research, 2009, 21 (1): 179-201.

[66] GRAHAM J R, HARVEY C R, RAJGOPAL S. The Economic Implications of Corporate Financial Reporting [J]. Journal of Accounting and Economics, 2005, 40 (1-3): 3-73.

[67] GUL F A, KIM J B, QIU A A. Ownership Concentration, Foreign Shareholding, Audit Quality, and Stock Price Synchronicity: Evidence from China [J]. Journal of Financial Economics, 2010, 95 (3): 425-442.

[68] HAAN M A, RIYANTO Y. The Effects of Takeover Threats on Shareholders and Firm Value [J]. Journal of Economic Behavior & Organization, 2006 (59): 45-68.

[69] HAINMUELLER J. Entropy Balancing for Causal Effects: A Multivariate

Reweighting Method to Produce Balanced Samples in Observational Studies [J]. Political Analysis, 2012, 20 (1): 25-46.

[70] HARFORD J. Corporate Cash Reserves and Acquisitions [J]. The Journal of Finance, 1999, 54 (6): 1969-1997.

[71] HARFORD J, MANSI S A, MAXWELL W F.Corporate Governance and Firm Cash Holdings in the US [J]. Journal of Financial Economics, 2008, 87 (3): 535-555.

[72] HERON R A, LIE E.On the Use of Poison Pills and Defensive Payouts by Takeover Targets [J]. The Journal of Business, 2006, 79 (4): 1783-1807.

[73] HERON R A, LIE E. The Effect of Poison Pill Adoptions and Court Rulings on Firm Rntrenchment [J]. Journal of Corporate Finance, 2015 (35): 286-296.

[74] HOLMÉN M, NIVOROZHKIN E, RANA R. Do Anti-takeover Devices Affect the Takeover Likelihood or the Takeover Premium? [J]. The European Journal of Finance, 2014, 20 (4): 319-340.

[75] HOSKISSON R E, HITT M A. Strategic Control Systems and Relative R&D Investment in Large Multiproduct Firms [J]. Strategic Management Journal, 1988, 9 (6): 605-621.

[76] HUTTON A P, MARCUS A J, TEHRANIAN H.Opaque Financial Reports, R2, and Crash Risk [J]. Journal of Financial Economics, 2009, 94 (1): 67-86.

[77] JENSEN M C, MECKLING W H. Theory of the Firm: Managerial Behavior, Agency Costs and Ownership Structure [J]. Journal of Financial Economics, 1976, 3 (4): 305-360.

[78] JENSEN M C.The Modern Industrial Revolution, Exit, and the Failure of Internal Control Systems [J]. The Journal of Finance, 1993, 48 (3): 831-880.

[79] JIANG G, LEE C M C, YUE H.Tunneling through Intercorporate Loans: The China Experience [J]. Journal of Financial Economics, 2010, 98 (1): 1-20.

[80] JIANG Z, LIE E.Cash Holding Adjustments and Managerial Entrenchment [J]. Journal of Corporate Finance, 2016 (36): 190-205.

[81] JOHNSON M S, RAO R P.The Impact of Antitakeover Amendments on Corporate Financial Performance [J]. Financial Review, 1997, 32

(4): 659–690.

[82] JOHNSON S, LA PORTA R, LOPEZ-DE-SILANES F, et al.Tunneling [J]. American Economic Review, 2000, 90 (2): 22–27.

[83] JOHNSON W C, KARPOFF J M, YI S. The Bonding Hypothesis of Takeover Defenses: Evidence from IPO Firms [J]. Journal of Financial Economics, 2015, 117 (2): 307–332.

[84] JOSKOW P L. Contract Duration and Relationship Specific Investments [J]. American Economic Review, 1987 (77): 168–185.

[85] KALWANI M U, NARAYANDAS N. Long-Term Manufacturer-Supplier Relationships: Do They Pay off for Supplier Firms? [J]. Journal of Marketing, 1995, 59 (1): 1–16.

[86] KARPOFF J M, WITTRY M D. Institutional and Legal Context in Natural Experiments: The Case of State Antitakeover Laws [J]. The Journal of Finance, 2018, 73 (2): 657–714.

[87] KEUM D D. Innovation, Short-termism, and the Cost of Strong Corporate Governance [J]. Strategic Management Journal, 2021 (42): 3–29.

[88] KLAPPER L F, LOVE I.Corporate Governance, Investor Protection, and Performance in Emerging Markets [J]. Journal of Corporate Finance, 2004, 10 (5): 703–728.

[89] KLAUSNER M.Fact and Fiction in Corporate Law and Governance [J]. Stanford Law Review, 2013, 65 (6): 1325–1370.

[90] KUSNADI Y. Do Corporate Governance Mechanisms Matter for Cash Holdings and Firm Value? [J]. Pacific-Basin Finance Journal, 2011, 19 (5): 554–570.

[91] LA PORTA R, LOPEZ-DE-SILANES F, SHLEIFER A, et al. Investor protection and corporate governance [J]. Journal of Financial Economics, 2000, 58 (1–2): 3–27.

[92] LA PORTA R, LOPEZ-DE-SILANES F, SHLEIFER A, et al. Law and Finance [J]. Journal of Political Economy, 1998, 106 (6): 1113–1155.

[93] LAMBERT R A, LARCKER D F.Golden Parachutes, Executive Decision Making, and Shareholder Wealth [J]. Journal of Accounting and Economics, 1985, 7 (1–3): 179–203.

[94] LIN C, LIU H, NI C, et al. State Controlling Shareholders and Payout Policy [R]. [S.L.]: Working Paper, 2020.

[95] LOW A.Managerial Risk-Taking Behavior and Equity-Based Compensation [J]. Journal of Financial Economics, 2009, 92 (3): 470-490.

[96] LUO W, ZHANG Y, ZHU N. Bank Ownership and Executive Perquisites: New Evidence from an Emerging Market [J]. Journal of Corporate Finance, 2011, 17 (2): 352-370.

[97] MADSEN J, MCMULLIN J L. Economic Consequences of Risk and Ability Disclosures: Evidence from Crowdfunding [J]. The Accounting Review, 2020, 95 (4): 331-363.

[98] MANNE H G.Mergers and Market for Corporate Control [J]. Journal of Political Economy, 1965 (73): 110-120.

[99] MANSO G.Motivating Innovation [J]. The Journal of Finance, 2011, 66 (5): 1823-1860.

[100] MASULIS R W, WANG C, XIE F. Agency Problems at Dual - Class Companies [J]. The Journal of Finance, 2009, 64 (4): 1697-1727.

[101] MCLEAN R D, ZHANG T, ZHAO M. Why does the Law Matter? Investor Protection and Its Effects on Investment, Finance, and Growth [J]. The Journal of Finance, 2012, 67 (1): 313-350.

[102] MEULBROEK L K, MITCHELL M L, MULHERIN J H, et al. Shark Repellents and Managerial Myopia: An Empirical Test [J]. Journal of Political Economy, 1990, 98 (5): 1108-1117.

[103] MORCK R, SHLEIFER A, VISHNY R. Alternative Mechanisms for Corporate Control [J]. American Economic Review, 1989, 79 (4): 842-852.

[104] MORCK R, YEUNG B, YU W. The Information Content of Stock Markets: Why do Emerging Markets Have Synchronous Stock Price Movements? [J]. Journal of Financial Economics, 2000, 58 (1-2): 215-260.

[105] NI X. Does Stakeholder Orientation Matter for Earnings Management: Evidence from Non-Shareholder Constituency Statutes [J]. Journal of Corporate Finance, 2020 (62).

[106] NUNN N, WANTCHEKON L.The Slave Trade and the Origins of Mistrust in Africa [J]. American Economic Review, 2011, 101 (7): 3221-3252.

[107] NYBORG K G, WANG Z.The Effect of Stock Liquidity on Cash Holdings: The Repurchase Motive [J]. Journal of Financial Economics, 2021,

142 (2): 905-927.

[108] OBAYDIN I, ZURBRUEGG R, BROCKMAN P, et al. The Relative Number of Anti-takeover Provisions and the Market for Corporate Control [J]. Journal of Financial Research, 2021, 44 (2): 279-298.

[109] OPLER T, PINKOWITZ L, STULZ R, et al. The Determinants and Implications of Corporate Cash Holdings [J]. Journal of Financial Economics, 1999, 52 (1): 3-46.

[110] PARRINO R, POTESHMAN A M, WEISBACH M S. Measuring Investment Distortions When Risk-averse Managers Decide Whether to Undertake Risky Projects [J]. Financial Management, 2005, 34 (1): 21-60.

[111] PENG L, RÖELL A. Executive Pay and Shareholder Litigation [J]. Review of Finance, 2008, 12 (1): 141-184.

[112] PETERSEN K J, HANDFIELD R B, RAGATZ G L. Supplier Integration into New Product Development: Coordinating Product, Process and Supply Chain Design [J]. Journal of Operations Management, 2005, 23 (3-4): 371-388.

[113] POIRIER D J. Partial Observability in Bivariate Probit Models [J]. Journal of Econometrics, 1980, 12 (2): 209-217.

[114] PUTNAM R D.Making Democracy Work: Civic Traditions in Modern Italy [M]. Princeton: Princeton University Press, 1993.

[115] RICHARDSON S.Over-Investment of Free Cash Flow [J]. Review of Accounting Studies, 2006, 11 (2-3): 159-189.

[116] SANTOS R J. Positive or Negative? : The Impact of Anti - Takeover Legislation on R&D Investmen [R]. [S.L.]: Working paper, 2013.

[117] SHLEIFER A, SUMMERS L H. Breach of Trust in Hostile Takeovers [D]. Chicago: University of Chicago Press, 1988.

[118] SHLEIFER A, VISHNY R W. A Survey of Corporate Governance [J]. The Journal of Finance, 1997, 52 (2): 737-783.

[119] SHLEIFER A, VISHNY R W. Large Shareholders and Corporate Control [J]. Journal of Political Economy, 1986, 94 (3): 461-488.

[120] SHLEIFER A, VISHNY R W. Management Entrenchment: The Case of Manager-Specific Investments [J]. Journal of Financial Economics, 1989, 25 (1): 123-139.

[121] SOKOLYK T. The Effects of Antitakeover Provisions on Acquisition

Targets [J]. Journal of Corporate Finance, 2011, 17 (3): 612-627.

[122] STEIN J C. Efficient Capital Markets, Inefficient Firms: A Model of Myopic Corporate Behavior [J]. The Quarterly Journal of Economics, 1989, 104 (4): 655-669.

[123] STEIN J C. Takeover Threats and Managerial Myopia [J] . Journal of Political Economy, 1988 (96): 61-80.

[124] STRASKA M, WALLER G.Do Antitakeover Provisions Harm Shareholders? [J]. Journal of Corporate Finance, 2010, 16 (4): 487-497.

[125] STRASKA M, WALLER H G. Antitakeover Provisions and Shareholder Wealth: A Survey of the Literature [J] . Journal of Financial & Quantitative Analysis, 2014, 49 (4): 933-956.

[126] STULZ R M.Managerial Control of Voting Rights: Financing Policies and the Market for Corporate Control [J]. Journal of Financial Economics, 1988 (20): 25-54.

[127] STULZ R M. The Limits of Financial Globalization [J]. The Journal of Finance, 2005, 60 (4): 1595-1638.

[128] SUBRAMANIAM M, YOUNDT M A.The Influence of Intellectual Capital on the Types of Innovative Capabilities [J]. Academy of Management Journal, 2005, 48 (3): 450-463.

[129] TITMAN S, WESSELS R.The Determinants of Capital Structure Choice [J]. The Journal of Finance, 1988, 43 (1): 1-19.

[130] VICENTE C, GIN M, GUADALUPE M. Price and Probability: Decomposing the Takeover Effects of Anti-Takeover Provisions [J] . The Journal of Finance, 2020, 75 (5): 2591-2629.

[131] WESTON J F, MITCHELL M L, MULHERIN J H. Takeovers, Restructuring, and Corporate Governance [M] . London: Prentice Hall, 2003.

[132] WILLIAMSON O E.The economic institutions of capitalism [M]. New York: The Free Press, 1985.

[133] 白重恩，刘俏，陆洲，等. 中国上市公司治理结构的实证研究 [J]. 经济研究，2005 (2): 81-91.

[134] 蔡卫星，胡志颖. 企业集团、产权性质与现金持有水平 [J]. 管理评论，2016，28 (7): 236-251.

[135] 陈冬华，陈信元，万华林. 国有企业中的薪酬管制与在职消费 [J]. 经济研究，2005 (2): 92-101.

[136] 陈冬华，梁上坤，蒋德权. 不同市场化进程下高管激励契约的成本与选择：货币薪酬与在职消费 [J]. 会计研究，2010 (11)：56-64.

[137] 陈克兢，康艳玲，万清清，等. 外部大股东能促进企业创新吗——基于退出威胁视角的实证分析 [J]. 南开管理评论，2021，24 (3)：202-214.

[138] 陈克兢，万清清，康艳玲，等. 自治性公司章程条款会沦为高管自利行为的保护伞吗——基于反收购条款的视角 [J]. 会计研究，2021，(11)：102-113.

[139] 陈克兢，甄嘉华，郝思嘉，等. 公司章程能影响债券融资吗 [J]. 会计与控制评论，2021 (1)：98-119.

[140] 陈克兢. 非控股大股东退出威胁能降低企业代理成本吗 [J]. 南开管理评论，2019，22 (4)：161-175.

[141] 陈克兢. 媒体监督、法治水平与上市公司盈余管理 [J]. 管理评论，2017，29 (7)：3-18.

[142] 陈霖. 上市公司修改章程设置反收购条款的合法性检视与监管探讨 [J]. 证券法苑，2017，19 (1)：97-117.

[143] 陈湘永，张剑文，张伟文. 我国上市公司 “内部人控制” 研究 [J]. 管理世界，2000 (4)：103-109.

[144] 陈欣，陈德球. 投机文化、管理者特征与公司创新 [J]. 管理评论，2021，33 (1)：133-143.

[145] 陈玉罡，石芳. 反收购条款、并购概率与公司价值 [J]. 会计研究，2014 (2)：34-40.

[146] 陈运森，邓祎璐，李哲. 非处罚性监管具有信息含量吗？——基于问询函的证据 [J]. 金融研究，2018 (4)：155-171.

[147] 褚剑，方军雄. 政府审计能够抑制国有企业高管超额在职消费吗？[J]. 会计研究，2016 (9)：82-89.

[148] 翟胜宝，徐亚琴，杨德明. 媒体能监督国有企业高管在职消费么？[J]. 会计研究，2015 (5)：57-63.

[149] 杜兴强，赖少娟，杜颖洁. “发审委” 联系、潜规则与 IPO 市场的资源配置效率 [J]. 金融研究，2013 (3)：143-156.

[150] 方军雄. 我国上市公司高管的薪酬存在粘性吗？[J]. 经济研究，2009，44 (3)：110-124.

[151] 冯根福. 双重委托代理理论：上市公司治理的另一种分析框架——兼论进一步完善中国上市公司治理的新思路 [J]. 经济研究，2004 (12)：16-25.

[152] 傅颀，汪祥耀，路军. 管理层权力、高管薪酬变动与公司并购行为分析

[J]. 会计研究，2014（11）：30-37.

[153] 葛永波，陈磊，刘立安. 管理者风格：企业主动选择还是管理者随性施予？——基于中国上市公司投融资决策的证据 [J]. 金融研究，2016（4）：190-206.

[154] 顾慧莹，王小妹，姚铮. 管理者反收购策略研究评述和展望 [J]. 外国经济与管理，2017，39（5）：115-128.

[155] 郝颖，谢光华，石锐. 外部监管、在职消费与企业绩效 [J]. 会计研究，2018（8）：42-48.

[156] 胡楠，薛付婧，王昊楠. 管理者短视主义影响企业长期投资吗？——基于文本分析和机器学习 [J]. 管理世界，2021，37（5）：139-156；11；19-21.

[157] 黄海杰，吕长江，朱晓文. 二代介入与企业创新——来自中国家族上市公司的证据 [J]. 南开管理评论，2018，21（1）：6-16.

[158] 姜付秀，马云飙，王运通. 退出威胁能抑制控股股东私利行为吗？[J]. 管理世界，2015（5）：147-159.

[159] 蒋艳辉，冯楚建. MD&A语言特征、管理层预期与未来财务业绩——来自中国创业板上市公司的经验证据 [J]. 中国软科学，2014（11）：115-130.

[160] 李常青，李宇坤，李茂良. 控股股东股权质押与企业创新投入 [J]. 金融研究，2018（7）：143-157.

[161] 李欢，郑杲娉，李丹. 大客户能够提升上市公司业绩吗？——基于我国供应链客户关系的研究 [J]. 会计研究，2018（4）：58-65.

[162] 李善民，许金花，张东，等. 公司章程设立的反收购条款能保护中小投资者利益吗——基于我国A股上市公司的经验证据 [J]. 南开管理评论，2016，19（4）：49-62.

[163] 李善民，许金花，张东. 分层董事会制度与公司价值——基于公司章程的视角 [J]. 厦门大学学报（哲学社会科学版），2016（2）：111-121.

[164] 李胜楠，刘一璇，陈靖涵. 基金在中国上市公司中发挥治理作用了吗——基于影响高管非自愿变更与业绩之间敏感性的分析 [J]. 南开管理评论，2015，18（2）：4-14.

[165] 李维安，牛建波，宋笑扬. 董事会治理研究的理论根源及研究脉络评析 [J]. 南开管理评论，2009，12（1）：130-145.

[166] 李维安，齐鲁骏，李元祯. 从“宝万之争”的治理启示解读“杠杆收购” [J]. 清华金融评论，2017（1）：34-37.

[167] 李晓溪，杨国超，饶品贵. 交易所问询函有监管作用吗？——基于并购重

组报告书的文本分析 [J]. 经济研究，2019，54 (5): 181-198.
[168] 李延喜，曾伟强，马壮，等. 外部治理环境、产权性质与上市公司投资效率 [J]. 南开管理评论，2015，18 (1): 25-36.
[169] 李延喜，陈克兢. 终极控制人、外部治理环境与盈余管理——基于系统广义矩估计的动态面板数据分析 [J]. 管理科学学报，2014，17 (9): 56-71.
[170] 连建辉. 融资结构与企业控制权争夺 [J]. 财经研究，2002，28 (1): 32-32.
[171] 林钟高，郑军，汤谢莹. 关系专用性投资与高管薪酬业绩敏感性 [J]. 财经研究，2014，40 (9): 133-144.
[172] 凌士显，白锐锋. 董事高管责任保险的公司治理作用——基于双重代理成本的视角 [J]. 财贸经济，2017，38 (12): 95-110.
[173] 刘星，台文志. 薪酬管制影响央企投资效率吗——基于《薪酬制度改革方案》的经验证据 [J]. 会计研究，2020 (10): 112-126.
[174] 陆瑶，胡江燕. CEO与董事间"老乡"关系对公司违规行为的影响研究 [J]. 南开管理评论，2016，19 (2): 52-62.
[175] 陆瑶，李茶. CEO对董事会的影响力与上市公司违规犯罪 [J]. 金融研究，2016 (1): 176-191.
[176] 陆瑶. 激活公司控制权市场对中国上市公司价值的影响研究 [J]. 金融研究，2010 (7): 144-157.
[177] 罗党论，唐清泉. 市场环境与控股股东"掏空"行为研究——来自中国上市公司的经验证据 [J]. 会计研究，2007 (4): 69-74.
[178] 罗进辉，黄泽悦，朱军. 独立董事地理距离对公司代理成本的影响 [J]. 中国工业经济，2017 (8): 100-119.
[179] 罗进辉，谭利华，陈熠. 修改反收购章程条款阻击"野蛮人": 好消息还是坏消息? [J]. 财经研究，2018，44 (12): 113-125.
[180] 罗劲博，李小荣. 政策不确定性与公司代理成本 [J]. 管理评论，2021，33 (1): 201-214.
[181] 罗勇根，饶品贵，陈灿. 高管宏观认知具有管理者"烙印"吗? ——基于管理者风格效应的实证检验 [J]. 金融研究，2021 (5): 171-188.
[182] 吕长江，赵宇恒. 国有企业管理者激励效应研究——基于管理者权力的解释 [J]. 管理世界，2008 (11): 99-109.
[183] 马永强，邱煜，金智. CEO贫困出身与企业创新: 人穷志短抑或穷则思变? [J]. 经济管理，2019，41 (12): 88-104.
[184] 孟庆斌，李昕宇，张鹏. 员工持股计划能够促进企业创新吗? ——基于企

业员工视角的经验证据 [J]. 管理世界，2019，35 (11): 209-228.
[185] 孟庆斌，邹洋，侯德帅. 卖空机制能抑制上市公司违规吗? [J]. 经济研究，2019，54 (6): 89-105.
[186] 牟韶红，李启航，陈汉文. 内部控制、产权性质与超额在职消费——基于2007—2014年非金融上市公司的经验研究 [J]. 审计研究，2016 (4): 90-98.
[187] 欧阳琪. 防范“门口的野蛮人”? ——“投服中心诉海利生物案”的法律分析 [J]. 公司法律评论，2019 (19): 403-412.
[188] 潘红波，张哲. 高管-客户关系与企业客户稳定度 [J]. 管理学报，2020，17 (2): 196-203.
[189] 权小锋，吴世农，文芳. 管理层权力、私有收益与薪酬操纵 [J]. 经济研究，2010，45 (11): 73-87.
[190] 邵帅，吕长江. 实际控制人直接持股可以提升公司价值吗? ——来自中国民营上市公司的证据 [J]. 管理世界，2015 (5): 134-146.
[191] 唐雪松，蒋心怡，雷啸. 会计信息可比性与高管薪酬契约有效性 [J]. 会计研究，2019 (1): 37-44.
[192] 唐跃军，左晶晶. 所有权性质、大股东治理与公司创新 [J]. 金融研究，2014 (6): 177-192.
[193] 唐宗明，蒋位. 中国上市公司大股东侵害度实证分析 [J]. 经济研究，2002 (4): 44-50.
[194] 滕飞，夏雪，辛宇. 客户关系与定向增发经营绩效表现 [J]. 南开管理评论，2020，23 (3): 212-224.
[195] 王化成，高鹏，张修平. 企业战略影响超额在职消费吗? [J]. 会计研究，2019 (3): 40-46.
[196] 王凯，范合君，薛坤坤，等. 董事会资本、分层董事会条款与公司风险承担研究 [J]. 管理学报，2019，16 (3): 351-359.
[197] 王克敏，刘静，李晓溪. 产业政策、政府支持与公司投资效率研究 [J]. 管理世界，2017 (3): 113-124.
[198] 王克敏，王华杰，李栋栋，等. 年报文本信息复杂性与管理者自利——来自中国上市公司的证据 [J]. 管理世界，2018，34 (12): 120-132.
[199] 王小鲁，樊纲，胡李鹏. 中国分省份市场化指数报告 (2018) [M]. 北京: 社会科学文献出版社，2019.
[200] 王雄元，彭旋. 稳定客户提高了分析师对企业盈余预测的准确性吗? [J]. 金融研究，2016，431 (5): 156-172.
[201] 温忠麟，张雷，侯杰泰，等. 中介效应检验程序及其应用 [J]. 心理学报，

2004 (5): 614-620.

[202] 吴育辉，吴世农. 高管薪酬：激励还是自利？——来自中国上市公司的证据 [J]. 会计研究，2010 (11): 40-48.

[203] 吴育辉，吴世农. 企业高管自利行为及其影响因素研究——基于我国上市公司股权激励草案的证据 [J]. 管理世界，2010 (5): 141-149.

[204] 夏立军，郭建展，陆铭. 企业家的"政由己出"——民营IPO公司创始人管理、市场环境与公司业绩 [J]. 管理世界，2012 (9): 132-141.

[205] 徐明亮，袁天荣. 交错董事会条款、制度环境与投资效率 [J]. 经济管理，2018，40 (5): 21-36.

[206] 许金花，李善民，张东，等. 反收购条款与投资者保护：理论模型与实证检验 [J]. 管理评论，2018，30 (7): 191-206.

[207] 许金花，曾燕，康俊卿. 反收购强度与公司控制权防御 [J]. 系统工程理论与实践，2020，40 (1): 28-41.

[208] 许金花，曾燕，李善民，等. 反收购条款的作用机制——基于大股东掏空研究视角 [J]. 管理科学学报，2018，21 (2): 37-47.

[209] 杨道广，王佳妮，陈汉文. 业绩预告："压力"抑或"治理"——来自企业创新的证据 [J]. 南开管理评论，2020，23 (4): 107-119.

[210] 杨国超，刘静，廉鹏，等. 减税激励、研发操纵与研发绩效 [J]. 经济研究，2017，52 (8): 110-124.

[211] 杨国超，芮萌. 高新技术企业税收减免政策的激励效应与迎合效应 [J]. 经济研究，2020，55 (9): 174-191.

[212] 杨国超. 外部治理机制缺失下制度创新的代价——基于阿里巴巴"合伙人制度"的案例研究 [J]. 会计研究，2020 (1): 126-134.

[213] 杨洪涛，石春生，姜莹. "关系"文化对创业供应链合作关系稳定性影响的实证研究 [J]. 管理评论，2011，23 (4): 115-121.

[214] 叶林，吴烨. 金融市场的"穿透式"监管论纲 [J]. 法学，2017 (12): 12-21.

[215] 张会丽，吴有红. 内部控制，现金持有及经济后果 [J]. 会计研究，2014 (3): 71-78.

[216] 张伟华，高冰莹，王春燕. 反收购条款的研究综述与展望 [J]. 财务研究，2019 (4): 97-104.

[217] 张伟华，姚艺，王春燕. 公司章程中反收购条款设置与公司价值 [J]. 中国软科学，2019 (10): 129-144.

[218] 张泽，罗娜. 司法裁判视角下"野蛮人"股东表决权的不当限制及其规范——基于九家上市公司反收购诉讼典型案例的实证研究 [J]. 法律适用，

2019 (24): 77-85.

[219] 郑宝红，曹丹婷. 税收规避能影响企业现金持有价值吗? [J]. 中国软科学，2018 (3): 120-132.

[220] 郑培培，陈少华. 管理者过度自信、内部控制与企业现金持有 [J]. 管理科学，2018，31 (4): 3-16.

[221] 郑志刚，石丽娜，黄继承，等. 中国上市公司"小股民行动"现象的影响因素与经济后果 [J]. 世界经济，2019，42 (1): 170-192.

[222] 郑志刚，许荣，徐向江，等. 公司章程条款的设立、法律对投资者权力保护和公司治理——基于我国A股上市公司的证据 [J]. 管理世界，2011 (7): 141-153.

[223] 钟宇翔，吕怀立，李婉丽. 管理层短视、会计稳健性与企业创新抑制 [J]. 南开管理评论，2017，20 (6): 163-177.

[224] 周开国，应千伟，钟畅. 媒体监督能够起到外部治理的作用吗? ——来自中国上市公司违规的证据 [J]. 金融研究，2016，432 (6): 193-206.

[225] 周泽将，雷玲. 纪委参与改善了国有企业监事会的治理效率吗? ——基于代理成本视角的考察 [J]. 财经研究，2020，46 (3): 34-48.

[226] 周泽将，刘中燕. 独立董事本地任职对上市公司违规行为之影响研究——基于政治关联与产权性质视角的经验证据 [J]. 中国软科学，2017 (7): 116-125.

[227] 曾燕，许金花，涂虹羽. "共生"关系下的控制权防御机制设计——以"万科与宝能系之争"为例 [J]. 管理科学学报，2018，21 (10): 97-111.

# 索引